FALKEN BÜCHEREI

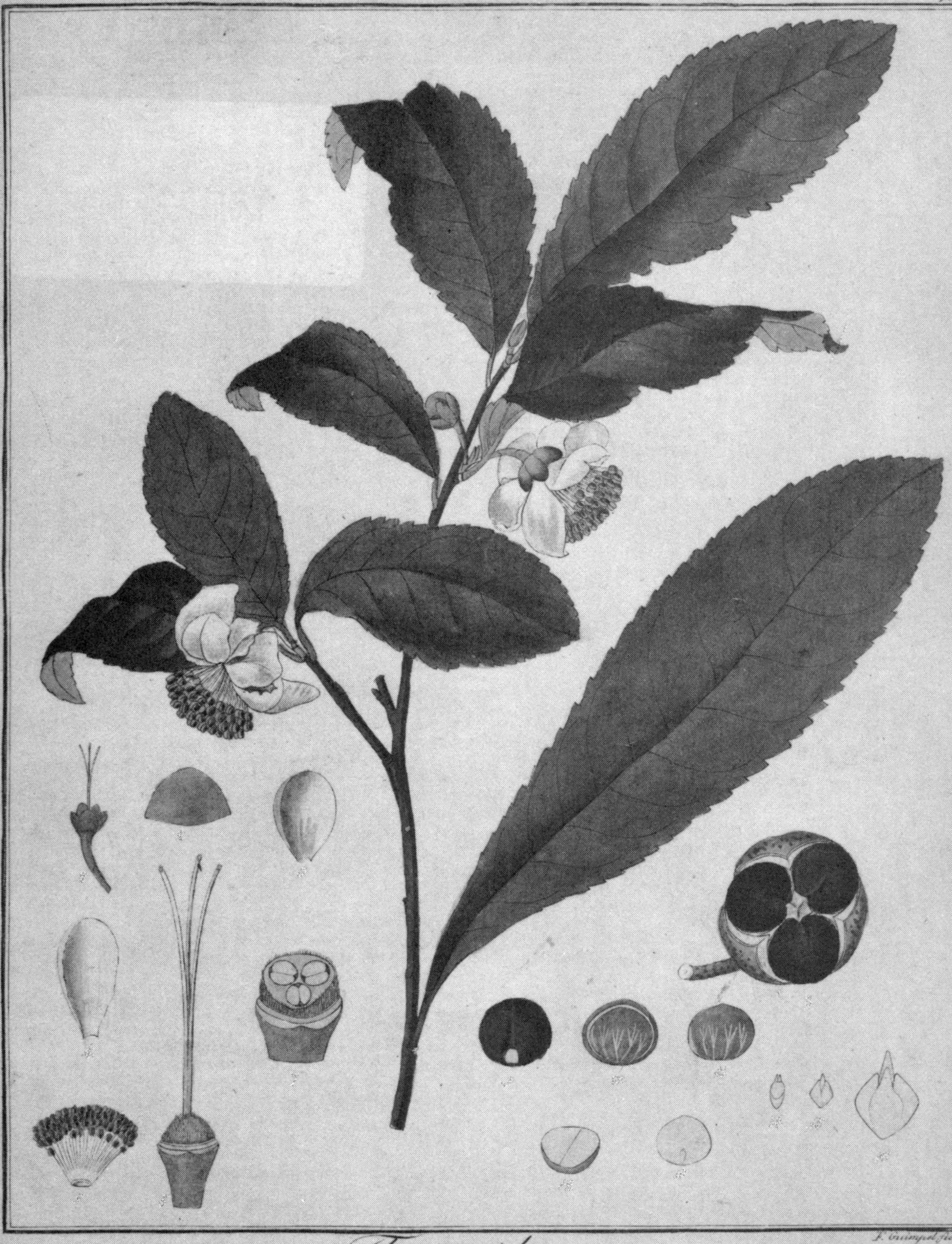

Thea viridis.

F. Guimpel fec.

Marianne Nicolin

Tee für Genießer

Sorten · Riten · Rezepte

FALKEN VERLAG

Wer mehr über Tee wissen will: Im Falken-Verlag ist ein umfangreicheres Buch darüber erschienen: Curt Maronde „Heißgeliebter Tee".

CIP-Kurztitelaufnahme der Deutschen Bibliothek

Nicolin, Marianne:
Tee für Genießer: Sorten, Riten, Rezepte / von Marianne Nicolin. –
Niedernhausen/Ts.: Falken-Verlag, 1982.
(Falken-Bücherei)
ISBN 3-8068-0356-0

ISBN 3 8068 0356 0

Gesamtherstellung: Neuwieder Verlagsgesellschaft mbH, Neuwied

151 413 121 1

Inhalt

Einleitung

Den wenigsten Menschen wird es bewußt sein: Tee ist nach Wasser jenes Getränk, das die meisten Menschen trinken. Das liegt daran, daß der Teegenuß vor allem in den dicht bevölkerten Ländern Asiens verbreitet ist. Aber auch der Literzahl nach steht der Tee an guter Stelle und braucht mit der Kaffeebohne keinen Vergleich zu scheuen. Das hängt mit der Ergiebigkeit des Tees beim Aufbrühen zusammen. In der Welt werden 4 Mill. Tonnen Kaffee und nur 1,2 Mill. Tonnen Tee verbraucht, doch reicht 1 Pfund Tee für 250 bis 300 Tassen, 1 Pfund Kaffee nur etwa für 60 Tassen.

„Lieben Sie Tee?“, mit diesem Satz wurde ich gefragt, als ich den Auftrag annahm, dieses kleine Buch zu schreiben, und ich hatte mit „Ja“ geantwortet, nicht ahnend, wieviel Wissenswertes es über Tee gibt. Damit *Ihre* Einstellung ebenso positiv ausfällt, gebe ich Ihnen dieses Teebuch zur Hand – schauen und lesen Sie selbst, wie interessant dieses Thema ist –, am besten mit einer guten Tasse Tee, denn er erfrischt das Gemüt! Oder nach Kaiser Tsching-nung, 2737 bis 2697 v. Chr., beschrieben: Bist Du niedergeschlagen, so wird Tee Dich ermutigen!

Auch die westlichen Humoristen ließen sich durch das Aroma des Tees inspirieren: „Er hat nicht die Arroganz des Weines, nicht die Selbstbewußtheit des Kaffees und nicht die süßliche Unschuld des Kakaos.“

Wie schön wäre es, wenn wir uns in dieser unruhigen Zeit die Lehre der Teemeister nahebringen lassen, die u. a. lautet: „In allen Lebenslagen sollte eine heitere Ruhe der Seele bewahrt werden, und die Unterhaltung sollte so geführt werden, daß sie nie die Unterhaltung der Umgebung störe.“

Um diese Philosophie in die Tat umzusetzen, sollte man sich durch nichts hetzen lassen, sondern wieder genießen lernen, auch ohne Teehäuser und Teeräume. Dann finden wir die gesuchte Ruhe wieder — wir finden uns selbst. Wäre es nicht lebenswert, die Schönheit dieser Welt genießen zu können – ohne mit dem Preis des Herzinfarktes bezahlen zu müssen? „Man trinkt Tee, um den Lärm der Welt zu vergessen.“ (Tien Ji-heng)

Kennen Sie die drei größten Vergehen der Welt?

„Das Verderben bester Jugend durch falsche Erziehung, das Schänden bester Gemälde durch gemeines Begaffen und die Verschwendung besten Tees durch unsachgemäße Behandlung“ (Kaiser Hui-tsung 1101 bis 1125 v. Chr.).

Vielleicht werden Sie ein solcher Tee-Enthusiast, daß Sie den Worten von Samuel Johnson (1709 bis 1784) nachleben:

„Ich bin ein hartgesottener, unverschämter Teetrinker, dessen Kessel keine Zeit findet, kalt zu werden; der sich mit Tee am Abend vergnügt, sich zur Mitternacht damit labt und mit ihm den Morgen begrüßt.“

Tafel I: Rum-Tee, Rezept Seite 40 ▷

Vom grünen Blatt zum schwarzen Tee

Die Teepflanze gehört zur Gattung der Kamelien. Sie ist ein immergrüner Strauch, mit gezahnten, dunklen lederartigen Blättern. Sie hat kleine weiße bis rosa Blüten und kleine bräunliche, holzige Früchte. So beschrieb der Dichter Lu-Yün in seinem 1780 v. Chr. veröffentlichten „Tscha-king" — ein dreibändiges Werk — die Teeblätter: Die besten Blätter des Tees müssen gefaltet sein wie die ledernen Stiefel der tartarischen Reiter, sich kräuseln wie die Wamme eines mächtigen Büffels, leuchten wie ein vom Zephirhauch bewegter See, einen Duft entfalten wie die aufsteigenden Nebel aus einer einsamen Bergschlucht und saftig sein und weich wie die von feinem Regen erfrischte Erde . . .

Weder Blüten noch Früchte werden zu Tee verarbeitet. Der Samen dient nur zur Nachzucht, die heute aber überwiegend durch Stecklinge erfolgt, die man von bewährten Mutterpflanzen nimmt.

Man unterscheidet zwei Ur-Teepflanzen:

Thea sinensis: chinesischer Tee; diese Pflanze bleibt auch ohne Beschneiden strauchartig und wird höchstens 3 bis 4 m hoch. Sie eignet sich mehr für die gemäßigten Zonen und kann auch Frost vertragen.

Thea assamica: oder Assamtee; sie erreicht, wenn sie nicht zurückgeschnitten wird, eine Höhe von 15 bis 20 m und braucht viel Wärme, ist also ein Tropengewächs.

Diese beiden Ur-Teepflanzen hat man nun immer wieder gekreuzt, um so zu besseren, feineren und widerstandsfähigeren Arten zu kommen. Dabei erwies sich die Assamhybride als besonders geeignet und ist heute die Grundlage für fast alle Teekulturen der Welt.

Die Teepflanze liebt Feuchtigkeit, jedoch keinen sumpfigen Boden. Deshalb legt man Teegärten und Plantagen in hügeligen Gegenden an, damit das Regenwasser abziehen kann. Der Unterschied im Geschmack und der Güte der verschiedenen Teesorten liegt nicht nur an der Pflanze, sondern hauptsächlich — ähnlich wie beim Wein — an dem Anbaugebiet, d. h. Klima, Bodenbeschaffenheit und geographischer Lage. Dabei darf die Bedeutung der sorgfältigen Verarbeitung auf der Plantage nicht vergessen werden.

Die Anbaugebiete waren zunächst nur in China, aber ab dem Jahre 621, als der Buddhismus zur Staatsreligion in Japan erhoben wurde, auch dort zu finden. Noch bis in den Anfang dieses Jahrhunderts war der Chinatee auf dem Weltmarkt vorherrschend.

Die Bundesrepublik bezieht heute rund 80 % ihres Tees aus nur drei

Ländern: Indien (45 %), Ceylon (26 %) und Indonesien (10 %). Die nächstgrößeren Lieferanten sind Kenia, Türkei, China, Argentinien und Moçambique (zusammen 11 %). Indien und Ceylon sind heute die größten Tee-Exportländer der Welt, wobei das kleinere Ceylon 1968 sogar im Export Indien überflügelte. In Ceylon wurde erst 1850 der erste Tee gepflanzt. Als die Kaffeepest die Ernte vernichtete, verstanden die Plantagenbesitzer so, aus der Not eine Tugend zu machen.

Das größte zusammenhängende Teeanbaugebiet der Welt ist die nordindische Provinz Assam, zu beiden Seiten des Brahmaputra gelegen. Hier wird ein besonders herber Tee mit sehr kräftiger Tassenqualität und einem typischen, aber angenehmen „Nachgeschmack" produziert. Durch das kräftige Aroma kann er es mit jedem Wasser aufnehmen und ist darum in vielen Mischungen enthalten; eine der bekanntesten Mischung ist bei uns die Ostfriesen- Mischung, deren Basis der Assamtee ist.

Ein besonders aromatischer Tee kommt aus Darjeeling, einem Distrikt in Nordindien, an den Südhängen des Himalaja, 2 000 bis 3 000 m hoch. Durch die besondere Höhenlage wird hier einer der feinsten und aromatischsten Tees produziert. Darjeelings sind aber nicht annähernd so dunkel im Abguß wie Assamtees. So ist die Farbe des Abgusses nicht nur von der Ziehdauer und der Teemenge abhängig.

Nilgiri und Travancore sind die südindischen Tee-Anbaugebiete. Diese Tees werden fast ausschließlich in Mischungen angeboten. Tees aus dem Hochland von Nilgiri zeigen besonders im Frühjahr ein ausgeprägtes Aroma, das dem Ceylon-Hochland-Tee ähnlich ist.

Der Ceylontee hat ein spezielles Aroma und einen sympathischen, herben Geschmack. Er wird auch als Herren-Tee bezeichnet. Farblich liegt er zwischen dem Darjeeling und dem Assamtee. Er steht golden in der Tasse – sagt der Fachmann.

Die hochwertigsten und aromatischsten Ceylontees werden im Juli/August im UVA-Distrikt im Osten der Insel geerntet, im Frühjahr im westlichen Dimbula sowie im Nuwara-Eliya-Distrikt. Sie sind äußerlich an dem leicht rötlichen Schimmer des Blattes erkennbar. Außerdem gibt es mittleren Ceylontee, der auch angenehm herb im Geschmack und von sorgfältiger Verarbeitung ist, sowie den niedrig gewachsenen Ceylontee mit schwarzem Blatt und dunklem Abguß, jedoch nicht so ausgeprägtem Ceylonaroma.

Haupterntezeiten

In China und Japan erntet man nur 3- oder 4mal im Jahr. In Nordindien beginnt die Ernte im März. Die ersten produzierten Tees sind first flush

(d. h. erster Trieb) Darjeeling und Dooars. First flush Darjeelings sind von besonderem Aroma, stehen jedoch „dünn in der Tasse“. Die first flush Periode dauert 4 bis 6 Wochen. Bis Ende Juni werden die sogenannten „Between“-Tees geerntet. Die Ernte des second flush fällt in den Juli und August. Diese Darjeelings haben ein vollwürziges Aroma mit kräftigem, dunklem Abguß. Auch die Assams aus dieser Produktionszeit werden sehr geschätzt. Von August bis Oktober werden die sogenannten Regentees geerntet, auch als „bread- und butter-teas“, also gute Gebrauchstees bezeichnet. Von „autumnal-Qualitäten“ spricht man, wenn die Tees durch die Herbstsonne eine ganz bestimmte Geschmacksrichtung annehmen. Etwa vom Ende des Jahres bis Anfang/Mitte März ruht die Teeproduktion in Nordindien. In Südindien wird das ganze Jahr hindurch Tee produziert. Der qualitative Höhepunkt in Südindien liegt im Januar bis Februar. Die feinsten Süd-Indien-Tees dieser Produktionsperiode kommen aus dem Hochland von Nilgiri. In Ceylon wird ganzjährig geerntet, die Qualitätshöhepunkte hängen mit den Monsunwinden zusammen.
In Indonesien wird ebenfalls das ganze Jahr hindurch produziert. Die Witterungsbedingungen auf Java und Sumatra sind unterschiedlich. Auf Sumatra verteilen sich die Regenfälle ziemlich gleichmäßig; gleichmäßig ist auch die Qualität der Sumatratees. Auf Java gibt es 3 besonders trockene Produktionsmonate, Juli, August und September. In dieser Zeit werden die besten, sogenannten trockenen Javatees produziert.

Tee-Ernte

Erst im Alter von fünf Jahren wird der Teebusch voll tragfähig, und trägt bei guter Pflege mindestens 25 Jahre lang. In Ceylon sollen noch Teebüsche von über 100 Jahren tragen. Vom Teestrauch verwendet man nur die Blätter, und zwar immer einen jungen Trieb mit der Blattknospe. Je zarter die Blätter, desto feiner der Tee. Die geschlossenen Spitzenblätter ergeben einen Tee besonderer Klasse. Voll ausgereifte Blätter sind nicht mehr zu verwenden.
Das Pflücken erfordert sehr viel Geschicklichkeit und wird hauptsächlich von Frauen ausgeführt. Übrigens wird mit beiden Händen gepflückt, die jungen Triebe werden in Bambuskiepen gelegt, wo sich auf keinen Fall ein altes Blatt, z. B. das 3. Blatt, hineinverirren darf — die Folge wäre Qualitätsminderung. Darin liegt auch die Schwierigkeit, diesen Arbeitsgang zu mechanisieren. Eine geübte Pflückerin schafft am Tag bis zu 25 kg grünes Blatt, dies entspricht bis zu 6 kg fertigen Tee.
Je nachdem, wie die Nachfrage am Weltmarkt ist, wird nicht „fein“, sondern „mittel“ (mit einem oder zwei weiteren Blättern) oder sogar „grob“ (mehrere ältere Blätter) gepflückt.

Teeaufbereitung

Die frischen grünen Teeblätter machen einen schwierigen Aufbereitungsprozeß durch, der die größte Sorgfalt verlangt, da davon u. a. auch die Güte des Tees abhängt.

Eine Kaffeerösterei könnten wir sicher in unserer nächsten Wohngegend besichtigen, da Kaffee als Rohmaterial eingeführt wird und erst im Verbrauchsland seine endgültige Gestalt erhält. Ganz anders ist es beim Tee. Um eine Teefabrik zu erkunden, müßten wir schon einen Urlaub planen, denn sie stehen mitten auf den Teeplantagen. Der Tee wird also im Ursprungsland aufbereitet und als schwarzer Tee gut verpackt exportiert. Die wichtigsten Phasen der Aufbereitung sind: Welken, Rollen, Fermentieren, Trocknen und Sortieren.

Nachdem der grüne Tee gewogen ist, wird er bei modernen Verfahren zum *Welken* in Welktrögen von 25 bis 30 m Länge, die mit Drahtgitter bespannt sind und von Ventilatoren belüftet werden, ausgebreitet. Die grünen Blätter verlieren ca. 30 % der Feuchtigkeit und werden somit für das Rollen weich und geschmeidig. Beim Welken in Trögen wird die Welkdauer auf 8 bis 12 Stunden verkürzt; früher dauerte dieser Prozeß bis zu 18 Stunden.

Durch das *Rollen* der grünen Blätter werden die Zellwände aufgebrochen, und der Zellsaft kann sich mit dem Sauerstoff der Luft verbinden; damit setzt die Fermentation ein, sowie die Entwicklung der ätherischen Öle. Das Rollen dauert jeweils 30 Minuten. Nach dem ersten Rollen werden durch die Schüttelsiebe etwa entstandene Klumpen aufgelöst und das Blatt in fein und grob sortiert. Das hier ausgesiebte feinste Blatt kommt direkt zur Fermentation. Man nennt dies den „1. Dhool“. Das übrige Blatt wird nochmals unter verstärktem Druck ca. 30 Minuten lang gerollt, um die Zellen weiter aufzubrechen. Diese Aussiebung ergibt den „2. Dhool“. Das Rollen in der 3. Phase ergibt den „3. Dhool“ und das grobe Blatt, welches später geschnitten wird.

Das Ergebnis in einer erstklassigen Hochlandplantage sieht so aus:

1. Dhool = 50 %
2. Dhool = 30 %
3. Dhool = 15 %

grobes Blatt = 5 %.

Die *Fermentation* oder Oxydation beginnt bereits beim Rollprozeß und beträgt insgesamt ca. 2 bis 3 Stunden. Bei diesem Prozeß nimmt das gelbgrüne Blatt eine braunrote Farbe an. Das Blatt wird ca. 10 cm hoch im Fermentationsraum ausgebreitet. Der Raum wird laufend durch wasserversprühende Ventilatoren feucht gehalten. Der Fermentationsmeister prüft ständig den Stand der Oxydation. Durch die Fermentation wird der Gerb-

stoffgehalt reduziert, das Tee-Koffein aktiviert, und die Aromaträger, die ätherischen Öle, können sich voll entfalten. Die kupferrote Farbe finden wir nach dem Aufgießen in unseren Teekannen wieder. Von der richtigen Fermentation (der Meister prüft vor allem den Geruch des feuchten Blattes) hängt sehr gravierend die Teequalität ab.
Nun erfolgt das *Trocknen.* Auf Etagentrocknern wird der Tee durch Heißluft bei einer Temperatur von 85 bis 88° C getrocknet. Die Trocknungsdauer beträgt ca. 20 bis 22 Minuten. Bei diesem Prozeß wird der Zellsaft eingedickt, aus dem grünen Blatt wird unser schwarzer Tee. Beim Aufguß wird das Konzentrat des Zellsaftes durch kochendes Wasser wieder aufgelöst und wir erhalten das anregende moderne Getränk.
Dieser Roh-Tee, der den Trockner verläßt, wird nun in die verschiedenen Blattgrade *sortiert.* Man unterscheidet nicht nur nach dem Anbaugebiet (Darjeeling, Assam, Nilgiri etc.), sondern auch nach Blattgröße und -folge.
Vor dem letzten Krieg spielte der Blatt-Tee noch eine große Rolle; heute ist er fast in der ganzen Welt von den Broken und Fanningsgraden (letzterer vor allem für Tee-Aufgußbeutel) abgelöst worden.
Fast nur bei den Darjeelings werden Blatt-Tees wegen des feineren Aromas noch sehr geschätzt. Durch die weit verbreitete CTC-Produktion kann ohnehin kein Blatt-Tee hergestellt werden.
Die orthodoxe Produktions-Methode wird in Indien schon zu über 50 % von der CTC-Methode abgelöst:
C – crushing – zermahlen, T – tearing – zerreißen, C – curling – rollen. Dabei wird das Blatt nur einmal gerollt und gleich nach der Aussiebung zwischen Walzen zerkleinert, so daß es mit Zeitgewinn zum Fermentationsraum kommt. Die wichtigsten Blattgrade bzw. Sortierungen sind:

Blatt-Tee

Flowery Orange Pekoe (auch *Golden Flowery Orange Pekoe* und *Tippy Golden Flowery Orange Pekoe)* ist ein dünnes drahtiges Blatt mit Tip. Tip sind helle Spitzen im Tee, die von den jüngsten, noch behaarten Blatt-Trieben herrühren, bei denen der austretende Zellsaft bei der Trocknung an den Härchen karamelisiert, die sich dadurch gelblich-golden verfärben. Tip ist kein Zeichen besonderer guter Qualität, aber ein Zeichen bester Bearbeitung.
Orange Pekoe ist ein langes drahtiges Blatt, größer als der Flowery Orange Pekoe. Die Bezeichnung „Orange“ hat nichts mit Orangengeschmack zu tun. Dieser Tee besteht fast ausschließlich aus dem 1. zarten Blatt und Tips (Blattknospe), die sich beim Fermentieren nicht dunkel färben, wie die

übrigen Blätter, sondern orangefarben bleiben. Man bezieht dieses Wort auf das holländische „oranje", was „königlich" bedeutet.
Pekoe und Flowery Pekoe ist kürzer und gröber als der Orange Pekoe, oft auch offener im Blatt, also nicht so fein gerollt. Ceylon Flowery Pekoes zeigen meistens ein kugelig gerolltes Blatt, das man „shotty" oder „curly" nennt. Pekoes sind kräftiger im Abguß als Orange Pekoes, weil die Orange Pekoes mehr Blattrippen enthalten und weniger „Fleisch" des Teeblattes.
Pekoe Souchong und Souchong ist die gröbste Blattsortierung. Offenes breites Blatt, dünn im Abguß. „Souchong" ist die chinesische Bezeichnung für die gröbste Ware.

Broken-Tee

Flowery Broken Orange Pekoe (auch *Golden Flowery Broken Orange Pekoe* und *Tippy Golden Flowery Broken Orange Pekoe)* sind die feinsten und aromatischsten der Broken-Sortierungen. Diese Tees werden wegen des attraktiven Aussehens und des wunderbaren Aromas hoch bezahlt. Sie sind kräftiger im Abguß als die entsprechenden Blattsorten.
Broken Orange Pekoe, die Hauptsorte der Broken-Sortierungen. Gut verarbeitetes Blatt, weniger „tip", aber noch kräftiger in der Tasse als der Flowery Broken Orange Pekoe, wenn auch nicht so blumig.
Broken Pekoe, bei der orthodoxen Produktion ein Broken Tee, der mit einer Schneidemaschine (Cutter) aus dem gröbsten Blatt geschnitten wurde. Er enthält viel Blattrippen und ist dadurch dünn im Abguß.
Bei der CTC-Produktion ist Broken Pekoe die Haupt-Broken-Sortierung mit sehr kräftiger Tassen-Qualität.
Broken Pekoe Souchong, meistens die Bezeichnung bei nordindischen Tees für ein kugelig gerolltes Blatt.
Fannings-Grade
Orange Fannings und Broken Orange Pekoe-Fannings sind die kleinsten Aussiebungen der nicht richtig geschnittenen Tees in der Teeverarbeitung nach der orthodoxen Methode außer dem Dust (Staub). Sie färben sich schnell, da sie dem Wasser eine große Angriffsfläche bieten und haben besonders beim Hochland-Tee ein ausgezeichnetes Aroma.
Pekoe-Fannings, dies ist die entsprechende Sortierung bei der CTC-Produktion. Ergibt eine kräftige, schnell färbende Tassenqualität (Aufgußbeutel). Fannings sind die feinsten Aussiebungen der geschnittenen Sorten außer dem Dust (Staub).
Dust und Pekoe Dust ist die feinste Aussiebung der „natürlichen" Blattgrade als Dust 1; die Aussiebung der geschnittenen Broken ist Dust.

Pekoe Dust ist die kleinste Sortierung bei der CTC-Produktion.

Zu dieser beschriebenen Blattbezeichnung kommt es nun noch auf die Anbaugebiete an. So kauft man den Tee als z. B. „Darjeeling F.O.P. (Flowery-Orange-Pekoe Tee)" ein.

Nach der zuvor beschriebenen Sortierung wird der Tee in große Sperrholzkisten verpackt, die mit Aluminiumfolie ausgeschlagen sind, um den Aromaschutz des Tees zu gewährleisten. Der Verkauf findet auf den Teeauktionen u. a. in Kalkutta, Colombo, Djakarta und London statt. Normalerweise wird der Tee als Mischung auf den Markt gebracht. Da der Tee als Markenartikel verkauft wird, erwartet der Verbraucher einen zu jeder Jahreszeit einheitlichen Geschmack. In den Ursprungsländern gibt es jedoch Qualitätsschwankungen, die nur durch das Mischen verschiedener Sorten ausgeglichen werden können.

Auch ist der Tee-Einkaufspreis in den Anbauländern unterschiedlich, so daß der Teehändler den Preisunterschied durch Austausch entsprechender Mischungskomponenten ausgleicht. Die Qualität des zubereiteten Tees hängt aber auch sehr vom Wasser ab. Der Teehändler muß die Qualität der Wasserverhältnisse in den einzelnen Bezirken durch entsprechende Mischungen anpassen. In Ostfriesland z. B. ist weiches, mooriges Wasser. Die Ostfriesen lieben starken Tee und mischen den Assam- und Sumatra- oder Javatee zu der sogenannten Ostfriesenmischung. Dabei ist es interessant, daß die Ostfriesen, die knapp 2% der Gesamtbevölkerung der BRD ausmachen, aber einen etwa 15mal höheren Pro-Kopf-Verbrauch haben als der Durchschnittsbundesbürger. Die Ostfriesen liegen nach den Briten und Iren an dritter Stelle der Teetrinker der Welt.

Die Engländer mischen den Darjeeling-, Assam- und Ceylontee zu der sogenannten „Englischen Mischung", den für ihre Wasserverhältnisse besten Tee.

Der sogenannte „Russische Tee" war Chinatee, der früher mit Kamelkarawanen — daher auch Karawanentee — über die tausendjährige Teestraße von Peking durch die Wüste Gobi und Sibirien nach Rußland kam. Er existiert heute noch als „Russische Mischung", besteht aus Darjeeling und Chinatee und zeichnet sich durch Milde aus.

Der *grüne Tee* stammt von derselben Pflanze wie der schwarze Tee. Er unterscheidet sich vom schwarzen Tee nur dadurch, daß er nicht fermentiert wurde. Vielmehr werden die im grünen Tee nach dem Welken vorhandenen Teefermente und Enzyme noch vor dem Rollen durch starke Dampferhitzung zerstört. Dadurch färben sich die Blätter nicht kupferrot, sondern bleiben olivgrün. Der Tee wird „gesteamt" — leicht gerollt und dann sofort getrocknet. Er schmeckt wesentlich bitterer als der schwarze Tee und ist in der Tasse heller — etwa zitronengelb. Der grüne Tee wird heute noch in den ostasiatischen Ländern bevorzugt. Er bildet z. B. die Grundlage der japanischen Teezeremonie. Auch in Europa wurde bis ins vorige Jahrhundert noch viel grüner Tee getrunken. Erst in dem letzten Jahrhundert ist der europäische Teetrinker immer mehr zum fermentierten Tee übergegangen.

Tafel II: Assam-Ingwer-Punsch, Rezept Seite 43 ▷

Rohrzuc
hrader &
remen
TEE
Nr. 66
GOLDEN ASSA
Paul Schra
Gulli
Jamaica
42 Vol
SCHRADER & C

Tee – der Zaubertrank

Nach chinesischer Sitte soll der Tee 20 gute Eigenschaften haben, u. a.: Tee reinigt das Blut, bezwingt schwere Träume, befreit das Gehirn, hilft bei Verstopfung, klärt das Auge, vertreibt Trübheit, macht flink und tapfer, verbessert das Erinnerungsvermögen...

Das Tee-Koffein, auch Teïn genannt, ist ein Alkaloid wie das Koffein. Der Tee enthält weit mehr von ihm als der Kaffee, jedoch mit einer anderen Wirkung. Das Tee-Koffein wirkt nicht auf das Herz, sondern auf das Zentralnervensystem, nicht sofort, sondern allmählich sich steigernd. Für die belebende Wirkung sollen übrigens nach Meinung der Wissenschaftler die ätherischen Öle noch wichtiger sein als das Tee-Koffein; sie sind demnach nicht allein für die „Blume" verantwortlich. Im Gegensatz zu Rauschmitteln jedoch erhöht der Teeguß die Konzentrationsfähigkeit. Er übt neben seiner euphorischen Wirkung zugleich durch seinen Gehalt an Tannin einen beruhigenden Einfluß aus, vor allem auf die Magenschleimhäute. Das Tannin bremst und steuert nicht nur die Wirkung des Tee-Koffeins; es beugt auch bei Anfälligkeiten nervöser Magenbeschwerden vor. Außer den Hauptbestandteilen, dem Tee-Koffein und Tannin (Gerbsäure) enthält Tee noch weitere segensreiche Stoffe. Die ätherischen Öle wurden schon erwähnt, nicht zu vergessen sind die Vitamine. Der Tee enthält aus der Vitamin-B-Reihe das wasserlösliche Vitamin B 1, welches als Wachstumsvitamin bekannt ist. Ersten neuesten Erkenntnissen nach Professor Schönberg zufolge ist das Vitamin B 1 auch in der Lage, den Menschen unempfindlich gegenüber Hetze und Lärm zu machen. Ist es ein Zufall, daß alle teetrinkenden Völker, die Ostasiaten, die Russen, die Engländer eine stoische Ruhe besitzen, um die wir sie immer beneiden? Außerdem enthält der Tee Chlorophyll; dieser Stoff soll helfen, das radioaktive Strontium 90 im menschlichen Körper zu binden. Auch Fluor gegen den Zahnverfall ist im Tee vorhanden. Dieses wahre Zaubergetränk können sie literweise trinken, wenn Sie mögen bis zu 40 Tassen täglich, wie nachweislich eine 120 Jahre alt gewordene Engländerin, die 45 Jahre ihres Lebens diese Mengen schluckte. Er hat keinerlei Nebenwirkungen wie z. B. Ermüdungserscheinungen, Sodbrennen, Völlegefühl oder dergleichen. Der Teegenuß ist eine Gewohnheit, die Sie sich unbesorgt zulegen können. Der Tee ist ohne Nährwert, also auch Ihrer schlanken Linie zuträglich. Tee ist das ideale Getränk für den geistig arbeitenden Menschen. „Aber ich kann nach Teegenuß nicht schlafen" oder „ich leide an Verstopfung durch den Teegenuß", diese Einwände hört man öfter, aber haben Sie sich schon mit der tatsächlichen Wirkung des Tees befaßt?

Man kann beim Aufgießen des Tees seinen Koffein- bzw. Gerbsäueranteil selbst steuern.

Wirkung der Hauptbestandteile des Tees:

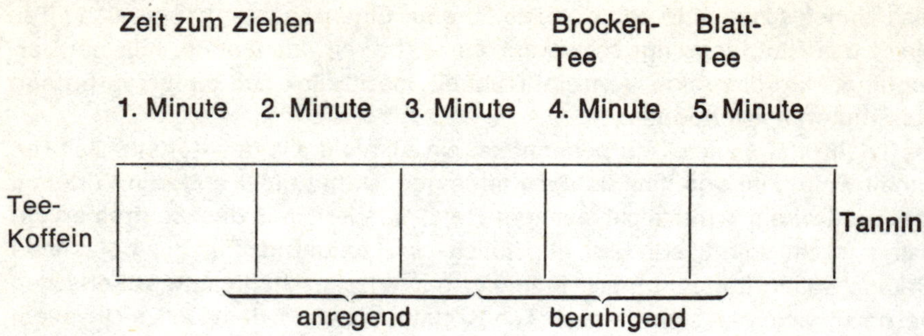

Steuerung und Wirkung:

Bei Neigung zur Schlaflosigkeit: weniger Teemenge — länger ziehen lassen

Bei Neigung zur Verstopfung: größere Teemenge — kürzer ziehen lassen.

Der Tee hat nämlich die Eigenschaft, daß er nach dem Aufgießen in den ersten zwei Minuten des Ziehenlassens fast seinen gesamten Anteil Tee-Koffein abgibt. Erst in den nächsten Minuten wird dann die Gerbsäure mehr und mehr aus den Blättern herausgezogen, und damit ist Tee als Abendgetränk zu empfehlen. Ist Ihnen der Tee dann zu herb, nehmen Sie doch Kandis und Sahne (so die Ostfriesen) oder Milch (wie die Engländer) dazu.

Tee – historisch gesehen

Über den Ursprung des Tees gibt es nur Legenden, denn auch heute ist man sich noch nicht ganz klar, wann und wie der Tee entdeckt wurde. Eine Geschichte erzählt, daß der chinesische Kaiser Shen-Nung wegen der Hygiene unterwegs stets nur abgekochtes Wasser trank. Im Jahre 2737 v. Chr. sollen Zweige des brennenden Reisigs in den Wassertopf gewirbelt sein. Zu seiner Verwunderung stellte er fest, daß der Trunk einen angenehmen Geschmack und ein wunderbares Aroma angenommen hatte. Die Blätter waren — so die Sage — wilde Teepflanzen.

Die zweite Geschichte berichtet über den indischen Königssohn Bodhidharma, der den Buddhismus in China verbreitete und sieben Jahre wachen und meditieren wollte. Im fünften Jahr seiner Andacht pflückte er unwillkürlich einige Blätter von einem nahestehenden Strauch und kaute sie. Die Blätter erfrischten ihn so sehr, daß er die restlichen zwei Jahre mit Hilfe dieses Wunderstrauches durchhalten konnte. Wiederum handelte es sich angeblich um einen wilden Teestrauch.

Die dritte Sage ist japanischen Ursprungs und handelt ebenfalls von Bodhidharma. Aus Unmut über seine Schläfrigkeit, die ihn an seiner Meditation hinderte, schnitt er sich beide Augenlider ab. An der Stelle, an die er die Augenlider hinwarf, wuchsen zwei Sträucher. Verehrer wollten an der Schlafvertreibung teilhaben, sammelten die Blätter und bereiteten einen Trank daraus. Das Mittel erwies sich als außerordentlich wirksam und war zudem von köstlichem Duft und Geschmack.

In Japan wurde der Teesamen durch die buddhistischen Mönche eingeführt. Zunächst blieb der Teegenuß auf den Kriegeradel und die Priesterschaft beschränkt. Um 1350 arteten die Teefeste so aus, daß der Schogun, der Kronfeldherr des Kaisers, das Teetrinken verbot. Mit wenig Erfolg. Im 15. Jahrhundert ging man dazu über, das auch im buddhistischen Japan gepflegte Teeritual der Zen-Sekte zur Teezeremonie zu verweltlichen, und damit war der Weg frei zur allgemeinen ästhetischen Freude am Tee. Das Teetrinken wurde in Japan zu „einer Religion der Lebenskunst“, zu einer „Harmonie von Kunst, Kultur und einfachem Leben“, wie der Untertitel von Kakazu Okakuras 1919 erschienenem „Buch vom Tee“ lautet.

1610 brachten dann die Schiffe der holländisch-ostindischen Kompanie den Tee nach Holland und damit nach Europa. 1636 kam er nach Frankreich, 1638 nach Rußland. In Deutschland fand der Tee-Einzug 1657 statt.

Im Jahre 1650 wurde der Tee durch die Holländer nach England eingeführt. Aber die erste reguläre Tee-Einfuhr fand im Jahre 1669 durch die englische

Ostindische Handelskompanie, abgesehen von kleineren Sendungen als Geschenk für den König im Jahre 1664 und 1666, statt.
Obwohl allgemein angenommen wurde, daß der Tee aus China stamme und indische Kaufleute Teesamen aus China eingeführt hätten, ist tatsächlich Indien, dessen Boden sich als außerordentlich fruchtbar für eine bestimmte wilde Tee-Sorte erwiesen hatte, die Heimat des Tees.
Im Jahre 1823 endeckte Major Robert Bruce, ein Händler im damaligen burmesischen Assam, Teesträucher in den Bergen. Lord William Bentick, der damalige Gouverneur von Indien, erkannte ihre Möglichkeiten und legte 1834 den Grundstein für die Zukunft Indiens als teeproduzierende Nation.
In England wurde Tee erstmalig im Kaffee-Haus von Thomas Garraway in London verkauft; ein Pfund Teeblätter um 16 bis 60 englische Pfund. Königin Catharine von Braganza, die Gemahlin Charles II. (1660—1685), war die erste teetrinkende Königin. Sie machte den Tee salonfähig in Adels- und wohlhabenden Bürgerkreisen. Tee wurde so beliebt in Kaffee-Häusern, daß der Weinverkauf in den Gaststätten zurückging. Um die Steuereinnahme wieder auszugleichen, wurde eine Steuer von 8 Pence auf jede Gallone Tee erhoben, der im Café verkauft wurde.
Im Jahre 1667 wurden Tee-Einfuhren aus Holland gesetzlich verboten, so daß die Englisch-Ostindische Handelskompanie nun eine Monopolstellung besaß. In den darauffolgenden Jahren zahlte der englische Verbraucher fast 2 000 000 Pfund Sterling mehr, als der Tee bei freier Marktwirtschaft eingebracht hätte. Durch diese Regelung und die daraus resultierenden höheren Teekosten blühten Tee-Schmuggel und Schwarzhandel. Zwischen 1711 und 1810 nahm die Regierung dennoch über 77 000 000 Pfund an Steuern ein, eine Summe, die die Staatsschulden im Jahre 1956 überstieg. Am Ende des 18. Jahrhunderts begannen einige Londoner Lebensmittelhändler mit dem Verkauf von Tee, aber er war immer noch zu teuer für die Masse der Bevölkerung. Damals wurden Teemärkchen in Cafés statt Wechselged ausgegeben, um der Kleingeld-Knappheit entgegenzuwirken. In den umliegenden Geschäften wurden sie als Zahlungsmittel angenommen.
Als die Ostindische Handelskompanie im Jahre 1722 in finanzielle Schwierigkeiten geriet, unterstützte die Regierung die Gesellschaft durch einen Sondererlaß. Die Gesellschaft durfte ihre ankommenden Teesendungen unter Zollverschluß lagern und brauchte den Zoll erst bei Verkauf zu bezahlen.

Die Boston Teaparty

Die englischen Einwanderer in Amerika hatten sich so heftig gegen die Besteuerung aus ihrer alten Heimat gewehrt, daß alle Steuern, außer der Teesteuer, auf britische Einfuhren gestrichen wurden. Die Kolonisten weigerten sich, diese Teesteuer weiterhin zu zahlen, und da der Zoll bei Abnahme des Tees in Amerika fällig wurde, lehnten sie die Teesendungen ab. Mit voller Ladung aber konnten die Schiffe nicht ausklariert werden und die Rückfahrt nach England nicht antreten. Daraufhin bestiegen etwa 90 Kolonisten, als Mohawk-Indianer verkleidet, die Schiffe und warfen 342 Kästen Tee über Bord. Weitere Sabotage- und Störungsaktionen ereigneten sich in Greenwich (USA), Carlestown, Philadelphia, New York, Annapolis und Edentown. Diese Demonstrationen mögen ein Auslöser des amerikanischen Unabhängigkeitskrieges gewesen sein.

Die Teeklipper

Als die Monopolstellung der Ostindischen Handelskompanie aufgehoben wurde, verlangten die Händler eine schnellere Transportmöglichkeit für die neue Tee-Ernte. So wurden die berühmten schnellsegelnden Teeklipper gebaut, zunächst hauptsächlich von Amerikanern. Bald waren auch die englischen Schiffsbauer am Werk. Die legendäre „Cutty Sark" wurde von Hercules Linton entworfen und im Auftrag von Kapitän John Willis, einem Londoner Reeder, mit Spitznamen „Old Whithat" gebaut. Aus dem Verkehr gezogen, wurde dieses Schiff als Übungsschiff in Falmouth, England, eingesetzt. Heute ist es auf der Themse zu besichtigen — eine letzte Verbindung zu den berühmten Klipper-Tagen. Das berühmteste Teeklipper-Rennen fand 1866 statt. Jeder Kapitän war stets bemüht, seine Ladung als erster im Heimathafen einzubringen, da die Reedereien für die Schnellsten hohe Prämien bezahlten.

1869 wurden dann nach Eröffnung des Suezkanals die kürzeren Routen genommen. In dem engen Fahrwasser konnten die Segelschiffe nicht manövrieren, so daß nur noch Dampfschiffe eingesetzt und die berühmten Teeklipper abgeschafft wurden. Rußland konnte nun seinen Tee auf dem Seeweg über Odessa am Schwarzen Meer erhalten und war von London unabhängig. Ab 1900 bot die Transsibirische Eisenbahn eine noch schnellere und bessere Verbindung.

Nach dem zweiten Weltkrieg konnte der Londoner Teemarkt seine weltbeherrschende Stellung nicht zurückerobern.

Abwarten und Tee trinken

Wie kommt es eigentlich, daß dieses edle Getränk bei uns relativ wenig getrunken wird? Wahrscheinlich liegt es an unserer Unkenntnis der richtigen Teezubereitung. Die deutsche Hausfrau versteht es zwar, einen vorzüglichen Kaffee zuzubereiten, bei Tee dagegen arbeitet man häufig sehr nachlässig. Die Hauptsünden sind:

1. Verwendung billigsten, minderwertigen Tees
2. Falsche Dosierung, also zu kleine Mengen pro Tasse
3. Falsche Zubereitung

Das Ergebnis ist ein wahrhaft scheußliches, gefärbtes Wasser, und man könnte der Kurfürstin Liselotte von der Pfalz (1712) beipflichten, die aus Paris über den Tee schreibt, „er schmecke wie Heu und Mist".

Selbst Teefreunde gehen manchmal zu arglos mit Tee um, deshalb möchte ich Sie hier mit den goldenen Teeregeln bekannt machen.

Der erste Hauptgrundsatz betrifft die richtige Aufbewahrung. Der Tee soll in gut verschlossenen Dosen luftdicht aufbewahrt werden. Dafür gibt es Teebehälter in verschiedenen Größen aus Glas, Porzellan und Kristall, seltener aus Holz (Holzgefäße nur dann verwenden, wenn sie echt ostasiatisch oder von innen und außen geruchsfrei lackiert sind). Blechdosen eignen sich nur dann, wenn der Tee außerdem noch in Papier, am besten Pergamentpapier, dicht verschlossen verpackt ist. Der Teebehälter selbst darf auf keinen Fall in die Nachbarschaft von stark riechenden Sachen gestellt werden, da der Tee sehr empfänglich für andere Gerüche ist. Wie geruchsempfindlich der Tee ist, war schon im alten China bekannt; so mußten Pflückerinnen täglich baden und durften keine stark riechenden oder gewürzten Speisen genießen. Bei feinen Sorten mußten zum Pflücken Handschuhe getragen werden.

Zeigen Sie sich beim Abmessen der Teemenge nicht geizig; für eine gute Tasse Kaffee würden Sie auch lieber ein wenig mehr Kaffeemehl nehmen, als einen schlechten Kaffee zuzubereiten. Die richtige Teemenge ist ein Teelöffel (darum heißt er so!) je Tasse, von Broken einen gestrichenen und von Blatt-Tee einen gehäuften Teelöffel voll. Wenn Sie wollen, noch einen Teelöffel für die Kanne, so lieben es die Engländer und Ostfriesen. Sie sollten immer eine gute Sorte Tee verlangen, auch dann kostet eine Tasse kaum mehr als —,05 DM. Auch wenn Sie Teebeutel verwenden, rechnet man pro Glas oder Tasse einen Beutel. Die Teekanne soll immer aus Ton oder Porzellan oder auch aus Glas sein, aber niemals aus Metall, denn dieses Material ist sehr teefeindlich. Eine Teekanne darf nicht mit Spülmittel gereinigt werden. Die sich ansetzende Patina zeigt, daß Sie ein Teekenner sind. Spülmittel spüren Sie auf jeden Fall als störenden Geschmack bei der Teezubereitung. Ein Teetrinker wird das Tee-Ei meiden, das ja auch noch aus Metall besteht, denn niemals kann sich der Tee darin entfalten. Es gibt praktische Teesiebe, die man nach fünf Minuten herausnehmen kann. Praktisch sind auch die Teebeutel, wobei keine Teereste im Aufguß verbleiben. Aber denken Sie auch dabei an die richtige Teemenge, die für einen guten Tee notwendig ist. Die Teekanne sollte man immer sehr gut vorwärmen.

Das Wassergefäß, das für die Zubereitung von Teewasser benutzt wird, sollte auf keinen Fall für irgend etwas anderes benutzt werden; darin sollte man wirklich nur Wasser zum Kochen bringen. Denn nach der guten Teeauswahl spielt das Wasser eine ganz entscheidende Rolle für eine ausgezeichnete Teequalität! Verwenden Sie nie abgestandenes Wasser — auch nicht aus dem Boiler oder Speicher. Nehmen Sie stets frisches Leitungswasser. Lassen Sie das Wasser nicht verkochen, sondern gießen Sie es über die Teeblätter, sobald es sprudelnd kocht. Haben Sie sehr kalkhaltiges Wasser, so sollten Sie es drei Minuten kochen lassen, bevor Sie es für den Teeaufguß verwenden. Ist das Wasser sehr chlorhaltig, so versuchen Sie, das Teewasser im Wasserkessel mit offenem Deckel zum Kochen zu bringen. Dabei verflüchtigt sich schon eine Menge Chlor. Das Wasser zur Teebereitung soll aber immer kochend sein und sprudelnd kochend auf den Tee gegossen werden.

Wenn Sie nun einen wohlschmeckenden Tee zubereitet haben, so denken Sie bitte auch an das richtige Teegeschirr, denn der Tee schmeckt ganz einfach nicht aus dickwandigen, unförmigen Kaffeehaustassen. Neben Teegläsern gibt es sehr feine Porzellantassen. Es braucht ja nicht gleich echtes chinesisches Porzellan zu sein, denn mittlerweile verstehen auch unsere Porzellanmanufakturen, feines Porzellan herzustellen.

Hier zusammengefaßt nochmals die fünf internationalen goldenen Teeregeln:

Lieben Sie Tee? Dann denken Sie daran:

1. Teekanne vorwärmen.
2. Je Tasse einen Teelöffel Tee nehmen.
3. Frisches Wasser zum Kochen bringen und sprudelnd auf den Tee gießen.
4. Je nach Bedarf drei bis fünf Minuten ziehen lassen.
5. Den Tee umrühren und abgießen. Zucker oder weißen Kandis und je nach Geschmack Milch oder Sahne.

Welcher Tee eignet sich für mein Wasser?

Schon Lu-jü schrieb um das Jahr 800, daß das frische, reine Quellwasser der Berge (wie schon erwähnt) das beste Grundelement für den Tee sei. Diese Regel gilt heute noch, nur, woher bekommen wir diese Wasserqualität? Einmal ist es hart, einmal weich, einmal hat es den natürlichen Eisengehalt, dann zuviel Kalk oder es ist zu stark gechlort oder enthält andere störende Stoffe wie Rost und Schwebeteilchen.

Tees mit feinem Aroma, z. B. Darjeelings leiden sehr unter den unerwünschten Zutaten des Wassers, während der herbere Ceylontee schon einiges verträgt.

Das Wasser ist also eine sehr heikle Sache für die Teezubereitung, deshalb wird auch ein ganzes Kapitel über die wichtigste Zutat für eine gute Tasse Tee — natürlich gehört auch ein erstklassiger Tee dazu — gewidmet. Kein anderes Getränk ist vom Wasser so abhängig wie der Tee. Vielleicht konnten Sie selbst schon die Erfahrung sammeln, daß der Tee in London, Berlin, Paris oder auch Stuttgart und Hamburg völlig verschieden schmeckt?

Für Wasser gibt es die deutschen Härtegrade, die den Gehalt an Karbonathärten und Nicht-Karbonathärten eines Wassers zusammenfassen. Die Karbonathärten und ein hoher Eisengehalt sind die Feinde des Tees. Auch ist Chlor sehr schlimm, jedoch entweicht bei längerem Kochen im offenen Topf ein großer Teil — so daß man damit Selbsthilfe schaffen kann — obwohl dann die Frische verlorengeht.

Jedes Wasser bis zu 10° dt. H. (deutsche Härtegrade) kann als sehr gutes Wasser für die exzellente Teezubereitung gelten. Bei Härtegraden von 10 bis 20 kann man auch noch zufrieden sein, obwohl hierbei ein Darjeeling kaum zur vollen Entfaltung gelangen kann.

Für Teefreunde, die sich mit den örtlichen schlechten Wasserverhältnissen nicht abfinden wollen, gibt es Filteranlagen. Hierbei wird das Wasser entkarbonisiert, von weiteren störenden Mineralien befreit und entchlort. Völlig destilliertes Wasser ist allerdings für die Teezubereitung ungeeignet, und deshalb bleiben bei der Filterung wichtige Mineralstoffe erhalten.

Wie schon erwähnt, kommt es auf die Teesorte an, welche Aufgußfarbe Sie erhalten — sie ist aber auch vom Wasser abhängig. Hartes und auch eisenhaltiges Wasser gibt dem Tee eine dunkle Farbe, da sich unter anderem die Tannine mit den Karbonaten chemisch verbinden.

Damit Sie wissen, mit welchem Wasser Sie arbeiten können, folgt anschließend eine Tabelle über Stadtwasser und Härtegrade. Viele Städte beziehen aus verschiedenen Quellen ihr Gebrauchswasser, so daß es innerhalb einer Stadt häufig zu sehr unterschiedlichen Wasserqualitäten kommt. Am besten rufen Sie das örtliche Wasserwerk an, so haben Sie genaue Zahlen aus erster Hand.

Bei hartem oder chlorhaltigem Wasser haben sich u. a. folgende Sorten am unempfindlichsten gezeigt:

Ceylon-Broken-Orange Pekoe, Earl Grey (eine besondere Mischung aus China und Indien mit Bergamotten-Duft), Ceylon-Darjeeling-Mischung, Darjeeling-Orange-Pekoe, Prince of Wales (China-Darjeeling-Mischung).

Stadtwasser und Härtegrade Bundesrepublik Deutschland

Aachen	15
Aalen	14
Ahlhorn	7
Altena	6
Ansbach	12
Aschaffenburg	10
Augsburg	15
Baden-Baden	14
Bamberg	16
Bayreuth	2—18
Beckum	15—20
Bensheim	29
Bergisch Gladbach	16
Berlin-West	11—18
Beuel	15
Bielefeld	5—10
Bocholt	15—22
Bochum	9
Bonn	5
Bottrop	11
Bramsche	10
Braunschweig	25—29
Bremen	6—16
Bremerhaven	9
Brühl	18
Buxtehude	9
Castrop-Rauxel	9
Celle	6
Cloppenburg	10
Clausthal-Zellerfeld	3
Cuxhaven	7
Darmstadt	11
Datteln	9
Detmold	11
Delmenhorst	12
Dorsten	11
Dortmund	7
Düren	4
Düsseldorf	16—27
Duisburg	11—16
Eckernförde	13
Elmshorn	14—19
Emden	11
Emsdetten	6
Ennepetal	5
Erlangen	10
Eschweiler	15
Esens	7
Essen	10
Eßlingen/N.	21
Eutin	18

Flensburg	11
Frankenthal (Pfalz)	27
Frankfurt am Main	2—29
Freiburg im Breisgau	2
Freising	17
Fürth	13
Fulda	10
Garmisch-Partenkirchen	6—12
Geislingen an der Steige	16
Gelsenkirchen	4—27
Gevelsberg	5
Gießen	9
Glückstadt	13
Göppingen	18
Göttingen	26
Bad Godesberg	11
Goslar	3
Gronau (Westf.)	19
Gütersloh	11—18
Hagen	8
Hamburg	9—17
Hameln	29
Hamm	27
Hanau am Main	15—34
Hannover	13—27
Hann. Münden	12
Harlinger Land	4
Heide/Holst.	21
Heidelberg	13—17
Heilbronn	24—35
Helmstedt	13
Herford	26
Herne	9
Bad Hersfeld	4—26
Herten	12
Hilden	17
Hildesheim	1— 8
Hof/Saale	4
Hohenlimburg	16
Holzminden	14
Homburg	19
Bad Homburg v.d.H.	4—23
Bad Honnef	15
Husum	12
Idar-Oberstein	7
Ingolstadt	25
Iserlohn	12
Itzehoe	13
Jever	4
Kaiserslautern	1
Kamp-Lintfort	20
Karlsruhe	14—20
Kassel	7—25
Kempten/Allgäu	17
Kiel	14—17
Kleve	3
Koblenz	14—20
Köln	25
Konstanz	8
Krefeld	20
Bad Kreuznach	23
Kulmbach	3—11
Landau in der Pfalz	18
Landshut	19
Langeoog/Nordsee	11
Leer	9
Lingen (Ems)	8
Leverkusen	15
Lippstadt	17
Lörrach	5
Lohne (Oldenburg)	5
Lübeck	11—18

Lüneburg	7
Lünen	7
Lüdenscheid	3
Ludwigshafen am Rhein	25
Ludwigsburg	34
Mainz	15—32
Mannheim	21
Marburg a. d. Lahn	6
Marl	9
Memmingen	19
Menden	10
Meppen	4
Minden	27
Moers	22
Mönchengladbach	12—20
Mülheim a. d. Ruhr	4—20
München	14
Münster (Westf.)	15—28
Neheim-Hüsten	7
Neumünster	13
Neuß	20
Neuwied	6
Niebüll	8
Nienburg/W.	16
Norden	6
Nordenham	5
Nordhorn	11
Nürnberg	12
Oberhausen	14
Offenbach am Main	5—10
Offenburg	5
Oldenburg (Oldenburg)	3—13
Osnabrück	22
Paderborn	14
Passau	9

Peine	14
Pforzheim	17
Pinneberg	15
Pirmasens	4
Plön	8—20
Porz am Rhein	16
Ratingen	29
Ravensburg	17
Recklinghausen	11
Regensburg	11
Remscheid	3
Rendsburg	9
Reutlingen	18
Rheine	10
Rheinhausen	23
Rheydt	12
Rosenheim	13
Siegburg	4
Siegen	2—7
Singen (Hohentwiel)	15
Soest	8
Solingen	5
Speyer	23
Schleswig	13
Schwäbisch-Gmünd	18
Schwelm	5
Schweinfurt	21
Schwenningen am Neckar	27
Soltau	10
Springe	17
Stade	11
Stadtlohn	11
Straubing	16
Stuttgart	10—34
Trier	23
Tübingen	38

Stadtwasser und Härtegrade Bundesrepublik Deutschland

Uelzen	**9**	**Westerstede**	**5—15**
Ulm	**16**	**Wetzlar**	**16**
Unna/W.	**7**	**Wiesbaden**	**4—24**
		Wildeshausen	**6**
Velbert	**10**	**Wilhelmshaven**	**4—6**
Verden (Aller)	6	**Witten**	**7**
Viersen	**7**	**Wolfsburg**	**5—21**
		Worms	**15**
Walsum	**15**	**Wuppertal**	**12**
Wangerooge	18	**Würzburg**	**23—37**
Weiden i. d. OPf.	6	**Wattenscheid**	**16**
Weinheim	25—33	**Wolfenbüttel**	**23**

Stadtwasser und Härtegrade Österreich

Bad Gastein	0,8	Gmunden	7,1
Bad Ischl	6,8—11,2	Innsbruck	5,2
Feldkirch	7,3—12,3	Kitzbühel	9
Graz	11—15,5	Klagenfurt	13,5—15,2
Gmünd	0,5	Kufstein	6,2

Stadtwasser und Härtegrade Schweiz

Basel	6—8,2	Lausanne	4,2—12,8
Bern	10—13,6	Luzern	6,2—13,4
Genf	4,4—14,8	Zürich	7—10—11,2

Rezeptteil

Mit den goldenen Teeregeln für die richtige Zubereitung habe ich Sie ja schon bekannt gemacht. Denken Sie immer daran, einen guten Tee zu kaufen, dann haben Sie auch den Genuß des köstlichen Geschmackes, die Anregung und Belebung, kein Aufpeitschen und Ermüden mit dem Getränk der modernen Zeit.

Welcher Tee wird Ihr Lieblingstee?

I. Aromatische, blumige Darjeeling-Tees

a) Ceylon-Darjeeling-Mischung — ein vollaromatischer Tee für jede Tageszeit

b) Darjeeling-Orange-Pekoe — ein ergiebiger Tee mit wunderbarem Aroma

c) Darjeeling-Flowery-Orange-Pekoe — ein blumiges Edelgewächs aus dem Himalaja

II. Volle kräftige Mischungen der Ostfriesen

a) Ostfriesische Blattmischung — eine herzhafte Assammischung

b) Ostfriesische Mischung mit Goldspitzen — eine kräftige Broken-Mischung, sehr beliebt

c) Golden-Assam-Flowery-Orange-Pekoe — schwerer Herren-Tee mit „honey-Flavour"

III. Herbe und doch blumige Ceylon-Tees

a) Ceylon-Assam-Mischung — leicht herbe und kräftige Tasse

b) Ceylon-Broken-Orange-Pekoe — ein rassiger Ceylon-Tee aus den besten Teegärten

c) Ceylon-Orange-Pekoe „Nuwara Eliya"-lemon-flavour, nicht nachbitternd

IV. Tees mit feinem und zartem Geschmack

a) China-Keemun — zarter und blumiger Nachmittagstee

b) Russische Mischung — aus feinstem Darjeeling-, Ceylon- und China-Tee

V. Der „Besondere“ oder „Pikante“

a) China-Souchong — für Liebhaber des pikanten Rauchgeschmacks
b) „Earl Grey“ aus China- und Indien-Tee, mit dem besonderen Bergamotten-Duft
c) Gunpowder (grüner Tee) — mit leicht bitterem Abguß

Der Tee schmeckt nur ganz heiß oder eiskalt — als Eistee. Sie können den Tee „pur“ oder „nackt“ trinken, also ohne jegliche Zutaten. Das Aroma, seine belebende Wirkung wird, vielleicht doch mit „reinem Quellwasser aus dem Gebirge“ zubereitet, am wirkungsvollsten in Erscheinung treten; reizvoller ist die Abwechslung, und da können Sie nun Ihre Phantasie spielen lassen. Oder Sie nehmen zunächst einmal die nachfolgenden Rezepte als Anregung. Viel Spaß und Genuß beim Probieren und Kosten!

Mittel gegen die Tropenhitze

Tee an heißen Tagen? Die richtige Antwort auf diese Frage ist die des englischen Staatsmannes William E. Gladstone (1809 bis 1898) „Nichts kühlt besser als heißer Tee“. Auch Millionen Inder, Chinesen und Japaner in Tropenländern sind der Meinung, daß der heiße Tee die Hitze vertreibt. Nun, der Tee mit Eis und Zitrone ist auch ein herrlich erfrischendes Getränk. Der Eistee wurde 1904 durch Zufall in den USA auf einer Weltausstellung in St. Louis entdeckt. Der junge Mann sollte für Indische und Ceylontees werben, aber niemand wollte an diesem heißen Tag etwas von seinem heißen Getränk wissen. So entschloß er sich, den Tee einfach mit Eisstückchen zu servieren, und die Amerikaner waren von diesem „Iced-Tea“ begeistert.
Beim Eistee lagern sich, im Gegensatz zum kaltgestellten Tee, die Wirkstoffe nicht ab, sie bleiben durch den Kälteschock — so wie beim Gefrieren — voll erhalten. Dadurch ist er besonders aromatisch und durststillend und hat eine nachhaltige Kühlwirkung.

Eistee Grundrezept

12 Teelöffel Ceylon Tee, 1 l Wasser, Saft von 3 Zitronen, Zucker nach Geschmack, Eiswürfel.
Den Tee mit sprudelnd kochendem Wasser aufbrühen und 5 Minuten ziehen lassen. Dann umrühren und abgießen. Den Zitronensaft hinzufügen, nach Geschmack süßen, gut vermischen. In feuerfeste Gläser je eine Handvoll Eiswürfel geben und den heißen Tee darübergießen.

Eistee im Glas

3 Teelöffel Tee, 1/8 l Wasser, 1 Eßlöffel Zucker, Saft von 1/2 Zitrone, 2 Teelöffel Gin, Eiswürfel.

Den Tee mit dem abgemessenen Wasser aufbrühen und diesen Extrakt mit einem schwach gehäuften Eßlöffel Zucker süßen. Reichlich Eiswürfel und den Saft einer halben Zitrone in ein Glas geben und nach 3 Minuten den Tee-Extrakt absieben und dazugießen. Zuletzt mit 2 Teelöffel Gin „würzen". Statt Gin schmeckt auch Cognac oder Campari.

Kubanischer Eistee

Tee wie im Grundrezept angegeben zubereiten. In feuerfeste Gläser Eiswürfel geben, mit 1 oder 2 Gläschen hochprozentigem Rum und dem heißen Tee übergießen. Wenn Sie mögen, kann auch Zitronensaft dazu.

Englischer Eistee — Originalrezept

2 l Wasser, 1/3 Tasse Teeblätter, Eiswürfel, Zitronensaft.

1 l frisches, kaltes Wasser zum sprudelnden Kochen bringen, von der Kochstelle nehmen und in das noch kochende Wasser die Teeblätter geben. 5 Minuten ziehen lassen, umrühren und durch ein Sieb in einen Krug gießen, in dem sich 1 l kaltes Wasser befindet. In Gläsern mit Eiswürfeln reichen. Zitronensaft und Zucker nach Geschmack hinzufügen. Ergibt ca. 8 bis 10 Gläser.

Diese Methode hat die Vorteile, daß das Getränk schneller abkühlt und man weniger Eiswürfel benötigt. Bei Zimmertemperatur bleibt es viele Stunden lang klar.

Eistee mit Pfefferminz

2 Eßlöffel Tee oder entsprechende Teebeutel, 1 l Wasser, einige Pfefferminzblätter oder 1 Aufgußbeutel Pfefferminztee. 1/4 l Zitronensaft, etwa 150 bis 200 g Zucker, Eiswürfel.

Den schwarzen Tee mit Pfefferminztee zusammen aufbrühen, 5 Minuten ziehen lassen, abgießen, Zitronensaft und Zucker hinzufügen und abkühlen lassen. In Gläser mit Eiswürfel servieren.

Gewürzter Eistee

12 Teelöffel chinesischen Tee, 1 l Wasser, Saft von 3 Zitronen, Zucker nach Geschmack, 1 gestrichener Teelöffel gemahlenen Ingwer, 1 gestrichenen Teelöffel Zimtpulver, 4 Gewürznelken, 10 zerriebene grüne Pfefferminzblätter, Eiswürfel.

Den Tee wie im Grundrezept angegeben zubereiten, jedoch zusammen mit den Gewürzen aufbrühen.

Ananas-Eistee (original englisches Rezept)
(siehe Tafel IV, nach Seite 48)

¼ Tasse schwarze Teeblätter, 2 Tassen kochendes Wasser, 4 Tassen kaltes Wasser, 1 Tasse Zucker, 1½ Tassen Ananassaft, 1 Tasse Zitronensaft, 1 l Ginger-Ale, Eiswürfel.

Teeblätter mit kochendem Wasser übergießen und 5 Minuten ziehen lassen. Umrühren und in 4 Tassen kaltes Wasser sieben. Zucker hinzufügen und solange rühren, bis sich dieser aufgelöst hat. Unter Rühren Ananassaft und Zitronensaft zusetzen. Vor dem Auftragen 1 l eisgekühltes Ginger-Ale zugießen und Eiswürfel hineingeben.

Tee-Eis

4 Teelöffel schwarzer Tee, 1 Tasse kochendes Wasser, ½ l Sahne, Saft von 3 Apfelsinen, 2 Eigelb, Zucker nach Geschmack.

Den Tee mit kochendem Wasser aufbrühen und nach 3 Minuten ziehen lassen, durch ein Sieb gießen. Mit diesem Extrakt ½ l flüssige Sahne und dem Apfelsinensaft vermischen. 2 Eigelb mit dem elektrischen Handrührgerät aufschlagen, nach Geschmack süßen und unter die Tee-Sahne-Masse ziehen. Im Gefrierfach erstarren lassen. In hohen Gläsern mit Sahne verziert servieren. Nach Belieben mit Krokantstreuseln bestreuen.

Tee kalt

2 Eßlöffel schwarzer Tee, ½ l Wasser, 4 Teelöffel Zitronensaft, ca. 4 Teelöffel Zucker, Arrak, Eiswürfel.

Den Tee wie bekannt zubereiten und kalt stellen. Vor dem Servieren Zitronensaft, Zucker und 1 Schuß Arrak in jedes Glas geben und den kalten Tee darübergießen und ein Stück Eis hineingeben. Ergibt 4 Portionen.

Tafel III: Kubanischer Punsch, Rezept Seite 49 ▷

Eistee spezial

½ l starker schwarzer Tee, 4 Eßlöffel Vanille-Eis, ¼ l Schlagsahne, Eiswaffeln.
Den Tee abgekühlt in 4 Gläser füllen. Dazu je 1 Eßlöffel Vanille-Eis geben. Sahne steifschlagen und als Haube auf die Gläser verteilen, mit Eiswaffeln garnieren.

Tee Everest

6 Teelöffel Darjeeling Tee, 1 l Wasser, Zuckersirup, Apfelschnitzel oder anderes Obst, Zitronen, Pfefferminz, Eisstücke.
Tee zubereiten und abkühlen lassen. In ein großes Glas Eisstücke geben, den Zuckersirup, den abgekühlten Tee, die Apfelschnitzel, eine Zitronenscheibe sowie ein Blatt Pfefferminze. Ergibt 10 bis 12 Gläser.

Sportlertee

1 l starker schwarzer Tee, 3 bis 4 Eßlöffel Zitronensaft, 6 bis 8 Eßlöffel Dextropur.
Den heißen Tee mit den übrigen Zutaten verrühren und heiß oder gut gekühlt servieren.

Orange Pekoe-Sorbet

⅓ Tasse Darjeeling Tee, 1 Teelöffel trockene Pfefferminzblätter, 1 Tasse Wasser, 2 Tassen Milch, 1 Tasse süße Sahne, 1½ Tassen Zucker, 1 Prise Salz, ½ Tasse Zitronensaft.
Schwarze Tee- und Pfefferminzteeblätter vermischen, mit kochendem Wasser überbrühen und 5 Minuten ziehen lassen. Durchsieben und Milch hinzufügen, sowie die süße Sahne. In einem anderen Gefäß Zucker, Salz, Zitronensaft vermengen und langsam unter Rühren in den Tee geben. In die Eisschale gießen und im Kühlschrank fest werden lassen. Zwischendurch umrühren. Ergibt ca. 8 Portionen.

Tee mit frischer Ananas

2 Eßlöffel Zucker, frische Ananas, 1 Zitrone, 4 Gläschen Maraschino, Eiswürfel, 1 Scheibe ungeschälte Ananas, ½ l starker schwarzer Tee.
Zucker mit feingeraspelter Ananas und dem Saft ½ Zitrone in einem Topf

schmelzen lassen und auf 4 Gläser verteilen. Dazu je ein Gläschen Maraschino, Eiswürfel und eine Scheibe Zitrone geben. Mit starkem heißem Tee auffüllen. Auf dem Rand der Gläser je eine ungeschälte Viertelscheibe Ananas stecken. Mit Strohhalm servieren.

Teebombe

2 Eßlöffel Instant-Tee, ¼ l Wasser, 100 g Zucker, 1 Päckchen Vanillezucker, 2 Eigelb, ⅜ l Sahne, 10 Löffelbiskuits, Weinbrand.
Tee im Wasser auflösen. Zucker, Vanillezucker, Eigelb schaumig rühren und den Tee zufügen. Sahne steifschlagen, ¼ l unter die Tee-Eimasse heben. Löffelbiskuits halbieren, mit Weinbrand beträufeln, eine Eisbombenform damit auslegen, die Teecreme hineinfüllen und in das Tiefkühlfach stellen. In 2 Stunden bei — 18° C gefrieren lassen. Die Bombe stürzen und mit der restlichen Sahne servieren.

Sahne-Eistee

3½ Teelöffel schwarzer Tee, 1 Tasse Wasser, 20 g Zucker, 3 Eiswürfel, 2 Eßwürfel frische Sahne.
Tee mit Wasser aufbrühen, mit Zucker süßen. Eiswürfel und frische Sahne in ein Glas geben. Nach 3 Minuten den abgesiebten Tee-Extrakt daraufgießen und ein Sahnehäubchen aufsetzen.

Amerikanisches Tee-Eis

½ l Milch, 1 Stück Vanilleschote, 2 Eßlöffel schwarzer Tee, 4 Eigelb, 150 g Zucker, ¼ l Sahne.
Die Milch mit der Vanilleschote zum Kochen bringen und den Tee damit überbrühen, 5 Minuten ziehen lassen und abgießen. Eigelb und Zucker schaumig schlagen und mit der Teemilch vermischen. Das Ganze im Wasserbad weiter schlagen bis die Masse beginnt dick zu werden. In eine Schüssel gießen und abkühlen lassen. Sahne steif schlagen und unter die abgekühlte Teemasse ziehen. Im Tiefkühlfach gefrieren lassen. Wenn Sie wollen, vor dem Servieren mit kandierten Kirschen garnieren.

Bacchus

5 gehäufte Teelöffel Zitronentee, 1 Glas kaltes Wasser oder schwarzer Tee mit Zitrone und Zucker gewürzt, 1/8 l Weißwein, Eiswürfel.
Zitronentee in kaltem Wasser lösen und mit Weißwein mischen. In Gläser füllen und mit je einem Eiswürfel und Trinkhalm servieren. Ergibt 2 Gläser.
Tip: Verwenden sie nur einen herben, spritzigen Weißwein!

Beerensafttee

Zu gleichen Teilen starker schwarzer, kalter Tee und schwarzer Johannisbeersaft, Zucker, Mineralwasser, Eiswürfel.
Zu gleichen Teilen die Gläser halb mit Tee und Saft füllen, nach Wunsch süßen und mit gut gekühltem Mineralwasser vollgießen. Wenn es noch nicht kalt genug ist, geben Sie noch Eiswürfel dazu.

Variante:

6 Teelöffel schwarzer Tee, 1 l Wasser, Zucker, schwarzer Johannisbeersaft.
Den Johannisbeersaft in die Eisschale füllen, im Gefrierfach des Kühlschrankes oder im Gefriergerät gefrieren lassen. Den Tee zubereiten, nach Geschmack süßen und erkalten lassen. In jedes Glas zwei der Johannisbeersaftwürfel geben und beliebig viel kalten Tee dazugießen (ergibt ca. 6 bis 8 Gläser).

Ostfriesischer Eistee

12 Teelöffel schwarzer Tee, 1 l Wasser, 1 Tasse Schlagsahne, 90 g Puderzucker, Weinbrand.
Den Tee aufbrühen, die Sahne steif schlagen und mit dem Puderzucker mischen. Ein Glas zu 2/3 mit Eiswürfeln füllen, 1/3 des heißen Tees daraufgeben, umrühren, ein Sahnehäubchen aufsetzen und einige Tropfen Weinbrand darüber verteilen.
(Ergibt ca. 18 Gläser).

Kalter Eiertee

12 Teelöffel schwarzer Tee, 1 l Wasser, Rum, Weinbrand, Zuckerlösung, 3 Eier, Muskatnuß.
Den Tee wie üblich zubereiten, abgießen und kalt stellen. In einem Mix-

becher feines Eis, 1 Glas Rum, 2 Glas Weinbrand, rohes Eigelb und etwas Zucker geben. Gut vermischen, in Gläser füllen, mit kaltem Tee auffüllen und mit Muskatnuß überreiben.

Hawaii-Drink

1 kleine Dose Ananaswürfel, etwas Zitronensaft, 1/2 l kalter starker schwarzer Tee, kandierten Ingwer, Mineralwasser.

Die Ananaswürfel sehr fein schneiden, abtropfen lassen und mit Zitronensaft marinieren. Den Tee darübergießen und im Kühlschrank ca. 1 Stunde durchziehen lassen. Vor dem Servieren ein wenig fein gehackten Ingwer und 2 Flaschen gut gekühltes Mineralwasser hinzufügen.

Verschiedene Limonaden

Eiswürfel ins Glas geben, den Saft einer Zitrone, nach Geschmack süßen und mit kaltem schwarzen Tee auffüllen. Gut verquirlen.

6 gehäufte Teelöffel schwarzer Tee, 1/2 l Wasser, Saft 1 Zitrone, 50 g Zucker, 1/4 l Weißwein, Eiswürfel.

Tee mit kochendem Wasser überbrühen und 5 Minuten ziehen lassen. Den Tee abgießen, den Saft 1 Zitrone und den Zucker sowie den Wein zufügen, alles gut mischen und abkühlen lassen. Vor dem Servieren Eiswürfel dazugeben.

100 g Zucker, 1 l kochendes Wasser, 1/3 Tasse schwarze Teeblätter, 3/4 Tasse Zitronensaft, Eiswürfel, Zitronenscheiben.

Zucker in kochendem Wasser auflösen. Dieses Zuckerwasser über die Teeblätter gießen und 5 Minuten ziehen lassen. Umrühren und in 1 l kaltes Wasser sieben. Zitronensaft hinzufügen und in hohe Gläser über Eiswürfel gießen. Mit Zitronenscheiben servieren.

Kaltes Teegetränk mit Alkohol

1 l kalter schwarzer Tee, 25 g Zucker, Zitronenschale, Eiswürfel, 1 Glas Rum, Mineralwasser.

Den kalten Tee mit Zucker mischen und die dünngeschälte Zitronenschale hineinhängen, einige Eiswürfel hinzufügen. Rum hinzufügen, Gläser nach Belieben zu 1/2, 2/3 oder 3/4 vollgießen, mit Mineralwasser auffüllen.
Schmeckt auch mit Curacao.

Kaltes Punschgetränk

2 Tassen Wasser, 150 g Zucker, Saft von 2 Zitronen, 1 Weinglas Rum, heißer oder kalter starker schwarzer Tee.
Wasser mit Zucker aufkochen und abkühlen lassen. Den Saft von 2 Zitronen und 1 Weinglas Rum zusetzen, gut verrühren. Dieses Getränk in die Eiswürfelschale füllen und gefrieren lassen. Die Würfel in feuerfeste Gläser füllen und mit heißem oder kaltem starken Tee übergießen.

Zitronenpunsch

5 Zitronen, 2 Tassen heißer schwarzer Tee, 1½ Tassen Zucker, Eiswürfel, ½ l Rum oder Weinbrand.
Zitronen dünn abschälen und die Schale mit heißem Tee übergießen. Den Saft der Zitronen über den Zucker auspressen und diese beiden Ansätze etwa 1 Stunde ziehen lassen. Anschließend alles in einer Bowlenterrine füllen, dazu Eiswürfel geben und mit Rum oder Weinbrand aufgießen.

Wenn es Stein und Bein friert

Wenn es draußen nebelt und nieselt und gar nicht richtig hell werden will, wenn es ausgesprochenes „Schlafwetter" ist und die Stimmung langsam auf dem Nullpunkt anlangt, möchte man keinen Schritt vor die Tür gehen. Dann ist der Zeitpunkt gekommen, wo Sie und Ihre Freunde bei einem heißen Trunk sicher wieder zu einer fröhlichen Runde werden. Wenn Ihre Gäste dann auch noch durchgefroren eintreffen, sind die heißen Getränke, die es in sich haben, gerade der richtige Auftakt.
Fürs Teetrinken sollte man sich Zeit nehmen; versuchen Sie doch einmal all die herrlichen Kombinationen zu zelebrieren — Ihre Gäste dürfen ruhig helfen, das dient der Entspannung, und die Vorfreude ist bekanntlich die größte Freude. Denken Sie daran, daß wir alle — die Teetrinker — auch Teefreunde gewinnen wollen, und zur richtigen Zubereitung gehören, wie Kakuzo Okakura in seinem Teebuch schreibt, Meisterhände: „Der Tee ist ein Kunstwerk und braucht Meisterhände, um seine edelsten Eigenschaften zu entfalten."

Heißer Teeflip

2 Teelöffel schwarzer Tee oder 2 Aufgußbeutel, ¼ l Wasser, 1 ganzes Ei, etwas Zucker, 1 Gläschen Arrak, 1 Spritzer Maraschino, 1 Zitrone, Muskatnuß.
Den Tee mit dem kochenden Wasser aufbrühen, 5 Minuten ziehen lassen und abgießen.

Das Ei mit dem Zucker, Arrak, Maraschino, einigen Tropfen Zitronensaft und einer Prise Muskatnuß mit dem elektrischen Handrührgerät schaumig schlagen und den heißen Tee dazugießen.
Sofort servieren.

Kandis-Milch-Tee

½ l Milch, 4 bis 5 Eßlöffel brauner Kandiszucker, 1 Teelöffel schwarzer Tee, 2 Eigelb.
Milch und Zucker aufkochen, dann auf die Teeblätter gießen, ca. 5 Minuten ziehen lassen, dann durch ein Sieb gießen und im Mixer mit dem Eigelb verquirlen.

Tee mit Zucker und Sahne oder Wolkentee

Heißer schwarzer Tee, Zucker, pro Person 1 Teelöffel Sahne.
Den Tee nach den goldenen Teeregeln zubereiten. Die vorgewärmten Tassen auf ein Tablett stellen und in jede 1 bis 2 Teelöffel Zucker geben. Den Tee durch ein Sieb daraufgießen und je 1 Teelöffel ungeschlagene Sahne zufügen, so daß sie Wolken bildet.

Tee à la Mocca

Pro Portion die doppelte Menge schwarzen Tee, kochendes Wasser. Den Tee nach den goldenen Teeregeln zubereiten und wie üblich ziehen lassen. Diesen Extrakt in eine vorgewärmte Teekanne füllen. Jede Tasse nur halb gefüllt servieren und ein gesondertes Gefäß mit heißem Wasser bereitstellen. So kann sich jeder seine richtige Stärke mischen.

Zitronentee

Zitronenscheiben, Zucker, aufgebrühter schwarzer Tee.
In jede Tasse eine dicke Scheibe Zitrone legen und 1 bis 2 Teelöffel Zucker daraufstreuen. Den aufgebrühten Tee darübergießen. Die Zitronenscheibe steigt nach oben und verleiht dem Getränk einen angenehmen säuerlichen Geschmack.

Tee mit Honig — nicht nur für Erkältete

Den aufgebrühten Tee mit Honig statt mit Zucker süßen.

Tee mit Orangen

Orangenscheiben, Zucker, aufgebrühter schwarzer Tee.
Die Orangenscheiben in die Tassen verteilen, nach Belieben süßen und mit aufgebrühtem Tee aufgießen.

Vanilletee

1/2 bis 1 l aufgebrühter schwarzer Tee (je nach Personenzahl), 1 Stück aufgeschnittene Vanilleschote, evtl. Kaneel.
Bevor der Tee mit kochendem Wasser übergossen wird, die Vanilleschote auf die Teeblätter legen und mit überbrühen. Wenn man mag, kann man ein Stück Kaneel hinzufügen.

Gewürztee nach englischer Art

100 g schwarzer Tee, 4 Stück Zimtrinde, 3 Teelöffel abgeriebene Zitronenschale und 1 Teelöffel ganze Gewürznelken.
Die angegebenen Zutaten vermischen und in einem Schraubglas 4 bis 5 Tage stehen lassen. Dann daraus wie üblich gebrühten Tee zubereiten.

Jugoslawientee

1 Flasche herber Weißwein, nicht zu starker schwarzer aufgebrühter Tee, Honig, Zitronensaft.
Die Tassen etwa zur Hälfte mit Weißwein füllen, am besten eignen sich große Keramiktassen, dann mit dem „halbstarken" Tee auffüllen und Honig mit Zitronensaft hinzufügen.

Zwetschentee

Heißer schwarzer Tee, Zucker, Zwetschenwasser.
Den starken Tee nur leicht süßen und einen kräftigen Schuß Zwetschenwasser hinzufügen.

Flambierter Zitronentee

1 Likörglas Weinbrand, 3 gehäufte Teelöffel Zitronentee, heißes Wasser.
Weinbrand etwas anwärmen, Zitronentee in eine rustikale Teetasse geben, mit angewärmtem Weinbrand übergießen, anzünden und die Flamme kurz züngeln lassen. Mit heißem Wasser löschen und auffüllen.

Pariser Tee

200 g Zucker, 1 l Wasser, 1 gehäufter Teelöffel Instant Tee, Saft von 3 Zitronen und 1 Orange, 1/4 l Weinbrand, 3/8 l Rum, 1/2 mittelgroße Muskatnuß (frisch gerieben).
Zucker in heißem Wasser lösen. Instant Tee zugeben, dazu Fruchtsäfte, dann Weinbrand, Rum und Muskatnuß. In einem Topf bis kurz vor dem Siedepunkt erhitzen und heiß servieren.
Ergibt 10 bis 12 Portionen.
Kann auch kalt mit Eiswürfeln gereicht werden.

Tee Tabla

6 Teelöffel schwarzer Tee, 1 l Wasser, Rum, Zucker, Zitronen, Maraschinokirschen.
Tee wie gewohnt zubereiten. In ein Punschglas ein Maß bereits erwärmten Rum gießen und mit dem nach Geschmack gezuckerten Tee vermengen und flambieren. Eine Zitronenscheibe und Maraschinokirsche hinzufügen.

Weintee

1 Flasche Rotwein, 1/2 l starker schwarzer Tee, Zucker, geriebene Zitronenschale.
Rotwein erhitzen (nicht kochen) und mit 1/2 l starken heißen Tee auffüllen. Mit Zucker abschmecken und mit geriebener Zitronenschale würzen.

Rumtee (siehe Tafel I, nach Seite 8)

1 Teelöffel Zitronensaft, 4 Eßlöffel Rum, abgeriebene Zitronenschale, starker schwarzer Tee, Zimtstange, Zucker.
Zitronensaft, Rum und die abgeriebene Zitronenschale in ein angewärmtes Glas geben und mit heißem Tee auffüllen. Mit einer Zimtstange, zum Umrühren, servieren. Wenn Sie mögen Zucker dazugeben.

Egg-Nogg-Tee

1/4 l Milch, 1 Eßlöffel Zucker, 1 Teelöffel schwarzer Tee, 1 Eigelb.
Milch mit Zucker aufkochen, auf die Teeblätter gießen und 5 Minuten ziehen lassen. Eigelb verquirlen und das Milch-Teegemisch dazugießen. Im Punschglas servieren.

Tee-Clipper

1 Glas Rum, 1 Glas starker heißer schwarzer Tee, Zucker, Zitronenscheibe.
Den Rum in das Glas füllen, in dem der heiße Tee ist, süßen und eine Zitronenscheibe auflegen.

Kardinaltee

4 Tassen Wasser, 2 Tassen Zucker, 1/2 Tasse Zitronensaft, 3/4 Tasse Apfelsinensaft, 1/4 Tasse kalter schwarzer Tee, Rum, Curaçao.
Wasser mit Zucker zu Sirup kochen (15 Minuten), Zitronen-, Apeflsinensaft und Tee sowie Rum und Curacao dazugießen, nochmals erhitzen, aber nicht kochen.

Tee Nikolaschka

6 Teelöffel schwarzer Tee, 1/2 l Wasser, Weinbrand, Zucker, Zitronen.
Den Tee aufbrühen, 4 Minuten ziehen lassen und abgießen. Ein größeres Schnapsglas je zur Hälfte mit Weinbrand und dem Tee füllen. Darauf eine Zitronenscheibe mit einem Häufchen Zucker legen. Beim Trinken die Zitronenscheibe im Mund behalten und die Flüssigkeit darübergießen. Ergibt ca. 10 Gläser.

Krambambuli

12 Teelöffel schwarzer Tee, 1 l Wasser, 3 Flaschen Weißwein, 750 g Zucker, ***1 Zitrone, 1 Flasche Arrak.***
Den Tee aufbrühen und nach 5 Minuten abgießen. Den Wein mit dem Zucker und der Zitronenschale zum Kochen bringen, den Arrak und Tee hinzugeben und das Getränk heiß oder kalt servieren. Ergibt ca. 35 Gläser.

Leuchtfeuer

3 gehäufte Teelöffel Zitronentee, 1 Glas heißes Wasser, 1/8 l Rotwein, 1 Teelöffel Rum, 1 Nelke, 1 Stück Zimt.
Zitronentee in dem heißen Wasser auflösen und Wein, Rum, Nelke und Zimt zugeben. Alles zusammen kurz erhitzen (nicht kochen). Vor dem Servieren Nelke und Zimt wieder entfernen.
Ergibt 2 Gläser.

Heißes Herz

4 gehäufte Teelöffel Zitronentee, 1 Glas heißes Wasser, 1 Likörglas Gin, 1 Zitronenschalespirale.
Zitronentee in heißem Wasser auflösen, Gin dazugeben und umrühren. Den Glasrand mit einer Zitronenschalespirale garnieren.
Ergibt 1 Glas.

Punschgetränke

Im 17. Jahrhundert brachten englische Matrosen dieses Wort und Rezept aus Ostindien mit. Der Name kommt vom hindustianischen „pantsch" und heißt fünf oder fünferlei. Dieses Getränk hatte ursprünglich 5 Hauptbestandteile: Arrak, Zitrone, Gewürz, Zucker und Tee. Inzwischen gibt es aber viele Abwandlungen, so kann man andere Branntweine oder auch Wein nehmen, statt Zitronen Apfelsinen.
Der Punsch sollte eigentlich für seine beste Qualität glasweise hergestellt werden, jedoch ist dies bei mehreren Gästen zu langwierig, deshalb ist die größere Menge auch nicht zu verachten. Dabei sind zwei Grundregeln zu beachten:
1. Rum, Arrak etc. nur in reiner Form verwenden — keinen Verschnitt!
2. Punsch darf nicht kochen, sonst verliert er sein Aroma. Dann schmeckt er halb so gut.

Japanischer Teepunsch

2 Teelöffel grüner Tee, 1/2 l Wasser, 250 g Zucker, 1 Zitrone, 2 Flaschen Moselwein, 1 Flasche Arrak.
Den Tee aufbrühen, 5 Minuten ziehen lassen, abgießen, mit dem Zucker süßen und die abgeriebene Zitronenschale hinzufügen. Dann durch ein Mull-

tuch gießen, 2 Flaschen Moselwein und die Flasche Arrak dazugießen. Alles erhitzen, aber nicht kochen lassen. Der japanische Teepunsch wird in einer vorgewärmten Porzellanterrine serviert und aus kleinen Porzellantassen getrunken.

Assam-Ingwer-Punsch (siehe Tafel II, nach Seite 16)

1/4 l Wasser, 125 g Zucker, 3 Stückchen Ingwer, 2 Nelken, 6 Teelöffel schwarzer Tee, 1/2 l Wasser, 1 Flasche Rotwein, 1 Zitrone, Rum.

1/4 l Wasser mit dem Zucker, Ingwer und den Nelken in einem geschlossenen Topf 10 Minuten leise kochen lassen. Inzwischen den Tee mit 1/2 l Wasser aufbrühen und die Flasche Rotwein bis zum Kochen erhitzen. Die Gewürzzuckerlösung, den Tee, den Saft der Zitrone durch ein feines Sieb hinzugeben, eine Zitronenspirale hineinhängen und den Punsch mit einem Schuß Rum abrunden.
Ergibt 10 bis 12 Gläser.

Friesischer Teepunsch

ist eigentlich ein Grog. In jedes Glas ein paar Kandiskristalle legen. Heißen Tee darübergießen. Zuletzt einen nicht zu kleinen Schluck hochprozentigen Rum hineinkippen.

Wir bleiben beim „Friesenpunsch"

3 gehäufte Teelöffel schwarzer Tee, 1/2 l kochendes Wasser, 1 Flasche Rotwein, 2 Gewürznelken, 1 Stückchen Zimt, 1 Stern-Anis, 2 Eßlöffel Zucker, Zitronensaft, Orangensaft, Kandiszucker.

Tee mit kochendem Wasser überbrühen und 5 Minuten ziehen lassen und absieben. Mit Rotwein, Nelken, Zimt, Anis und Zucker erhitzen und mit Zitronen- und Orangensaft abschmecken. Mit Kandiszucker servieren.

Russischer Punsch

6 Eier, 1 Flasche Weißwein, 1/2 Flasche guter Weinbrand, 1 Weinglas Wodka, 150 g feiner Zucker und 1/4 l frisch aufgebrühter, durchgesiebter schwarzer Tee hinzufügen.

Alles im Wasserbad oder auf der Automatikplatte mit dem elektrischen

Handrührgerät verquirlen bis die Masse schaumig und dickflüssig ist. Sie wird in angewärmten, breiten hohen Stielgläsern serviert.

Klausenpunsch

1 Flasche Rotwein, 1½ Flaschen Weißwein, 375 g Zucker, ¼ Flasche hochprozentiger Rum, heißer schwarzer Tee.

Rotwein, Weißwein und Zucker zum Sieden bringen (nicht kochen). Auf der Oberfläche vorsichtig den Rum verteilen und entzünden. Nach dem Erlöschen den Tee zu dem Getränk gießen (pro Person ca. 1 Tasse).

Bei Kerzenbeleuchtung trägt dieser Punsch seinem Namen Rechnung!

Holunderpunsch

1 l Holunderbeersaft, Nelken, 1 Stückchen Zimtstange, Zitronenschale, 1 l schwarzer Tee, Zucker nach Geschmack, Rum.

Den Holunderbeersaft mit den Gewürzen ca. 30 Minuten schwach kochen lassen. Mit dem Tee mischen, nach Geschmack süßen und mit einem Schuß Rum vollenden.

Holsteiner Punsch

1 Flasche Weißwein, 200 g Zucker, abgeriebene Zitronenschale, Saft 1 Zitrone, 6 gestrichene Teelöffel Instant Tee, ca. 2½ Tassen heißes Wasser, 1 Weinglas Rum.

Wein, Zucker, Zitronenschale und Zitronensaft erhitzen und kurz aufwallen lassen. Instant Tee mit heißem Wasser lösen und mit dem Rum der Weinmischung zufügen. Kurz umrühren und sofort heiß servieren. Ergibt ca. 8 bis 10 Punschgläser.

Orangenpunsch

4 gehäufte Teelöffel schwarzer Tee, 1½ l kochendes Wasser, Saft ½ Zitrone, Saft von 5 Orangen, Zucker, ½ Flasche Jamaika-Rum.

Den Tee mit kochendem Wasser überbrühen, 5 Minuten ziehen lassen und absieben. Mit dem Saft der Zitrone und Orangen mischen und nach Geschmack süßen. Rum hinzufügen und heiß servieren.

Rum-Wein-Punsch

$^1/_1$ Flasche Rum, 1 Flasche Weißwein, 125 g Zucker, 1 l starker schwarzer Tee, Schale 1 Zitrone.
Rum und Wein kurz aufkochen, Zucker und schwarzen Tee hinzufügen. Die Schale einer Zitrone hinzufügen, eine Weile ziehen lassen.

Altenglischer Punsch

10 Stück Würfelzucker, 1 Apfelsine, 1 Zitrone, 1 Flasche Rotwein, 3 Tassen starker schwarzer Tee, 1 bis 2 Gläschen Curacao.
Den Würfelzucker an der Schale der Apfelsine und Zitrone abreiben und in einem Topf hellgelb schmelzen. Den Topf von der Kochstelle nehmen und langsam 1 Glas Rotwein zugießen und den Zucker damit glattkochen. Nun weiter langsam den Rest des Rotweines hinzufügen und alles heiß werden lassen (nicht kochen). Inzwischen den Tee zubereiten, den Rotwein hinzufügen. Zum Schluß den Punsch mit Curacao abrunden und wenn Sie wollen, noch etwas süßen.

Wein-Tee-Punsch

2 Eßlöffel schwarzer Tee oder die entsprechende Menge Teebeutel, $^1/_8$ l Wasser, 1 Zitrone, 1 Flasche Weißwein, 100 bis 125 g Zucker, $^1/_8$ l Rum.
Tee aufbrühen, 5 Minuten ziehen lassen, abgießen bzw. Teebeutel herausnehmen und ca. 10 Minuten mit der Zitronenschale stehen lassen. Den Wein mit dem Zucker und dem Zitronensaft kurz aufkochen lassen, den Tee hinzugeben und kurz vor dem Servieren den Rum beifügen.

Rosenroter Punsch

$1^1/_2$ l heißer schwarzer Tee, $^1/_4$ l dicker Himbeersirup, 1 Flasche Rotwein, 100 g Zucker, 1 Weinglas Arrak.
Den Tee mit Himbeersirup mischen und mit Rotwein und Zucker kurz zum Kochen bringen. Zuletzt ein Weinglas Arrak zugießen. Sofort auftragen.
Von Damen besonders geliebt.

Ceylon-Tee-Punsch

3 Apfelsinen, 5 Zitronen, 1/2 Flasche Cognac, 6 Teelöffel schwarzer Tee oder die entsprechende Menge Teebeutel, 1/2 l Wasser, 300 g Honig, 1/2 Flasche Rum, 1 l Wasser.

Die Schale der Apfelsinen spiralenförmig abschälen, die 5 Zitronen auspressen. Die Schale mit dem Zitronensaft und dem Cognac in einem großen Gefäß (2 1/2 l) ziehen lassen (3 bis 4 Stunden). Danach die Schale herausnehmen, den wie üblich zubereiteten Tee hinzufügen, ebenso den Honig, den Rum und das Wasser. Alles zusammen erhitzen. Der Punsch darf nicht kochen, da er sonst sein Aroma verliert. Ergibt ca. 12 Gläser.

Punsch — zum Jahreswechsel

2 l Rotwein, 1 l schwarzer Tee, 300 g Zucker, 1/2 l Arrak.

Rotwein mit Tee zum Sieden bringen, von der Kochstelle nehmen. In einem kleineren Topf Zucker mit Arrak gut vermischen und anwärmen. Hat sich der Zucker völlig aufgelöst, so wird das Gemisch entzündet. Nach einer Weile Brenndauer gießt man es — noch brennend — in den heißen Rotwein-Tee und trägt das Getränk sofort auf.

Royal Tee-Punsch

1/2 l grüner Tee, 1/4 l Brandy, 1/4 l Jamaica-Rum, 1 Weinglas Curaçao, 1 Weinglas Arrak, Saft von 2 Zitronen, Zucker.

Tee mit Brandy, Rum, Curaçao, Arrak und Zitronensaft erhitzen (nicht kochen lassen). In jedes Glas eine dünne Zitronenscheibe legen. So heiß wie möglich trinken.

Pariser Punsch

1 l heißer, schwarzer Tee, 1/4 l Armagnac, 200 g Zucker, Saft von 5 Apfelsinen und 3 Zitronen.

Den heißen Tee mit den übrigen Zutaten mischen und heiß servieren.

Gewürzpunsch

100 g Zucker, 2 Nelken, 1/4 Stange Zimt, Schale und Saft einer Zitrone, gemahlenen Ingwer, 1/8 l Wasser, 1/8 l kräftiger schwarzer Tee, 1 Flasche Rotwein, 1 Taschenflasche Rum.
Die angegebenen Zutaten kurz aufkochen, die Gewürze herausnehmen. In einer vorgewärmten Punschterrine servieren.

Rotweinpunsch

1 Flasche Rotwein, 1 Tasse Rum, die dünn abgeschälte Schale einer 1/2 Zitrone, 5 Nelken, 1/2 Stange Zimt, 5 gehäufte Teelöffel schwarzer Tee, 1/2 l Wasser, Zucker.
Rotwein, Rum und die Gewürze leicht erwärmen und zugedeckt 1/2 Stunde ziehen lassen. Tee wie üblich zubereiten und durchgesiebt zu dem Punschansatz gießen. Nach Geschmack süßen und das Ganze erhitzen. Ergibt ca. 8 bis 10 Gläser.

Ratsherrenpunsch

5 Teelöffel schwarzer Tee, 1/2 Stange Zimt, 1 1/2 l kochendes Wasser. 1 Flasche Rotwein, 375 g Zucker, 1 Weinglas Rum, 1 Weinglas Arrak, Saft von 1 Zitrone.
Den Tee mit dem Zimt aufbrühen und 8 Minuten ziehen lassen. In eine vorgewärmte Kanne absieben. In der Zwischenzeit 1 Flasche Rum mit Zucker zum Sieden bringen und den Tee, Rum, Arrak und Zitronensaft hinzufügen. In vorgewärmten Gläsern servieren.

Ungarischer Punsch

Kandierte Früchte, Rosinen, entkernte Datteln, kandierte Orangenschalen, mit Nüssen gefüllte Dörrpflaumen, Johannisbeerbrot, 500 g schweren Zuckerhut, 1/2 l Rum, 2 l Weißwein, 1 l heißer schwarzer Tee, Saft von 2 Zitronen und 2 Apfelsinen.
Die Früchte einschließlich des Johannisbeerbrotes in kleine Stück in die Punschterrine geben. Eine Zuckerhutzange mit dem Zuckerhut darüberlegen und mit 1/8 l Rum übergießen. Anzünden und den Rum ausbrennen lassen, dabei tropft der geschmolzene Zucker in die Terrine. Anschließend 2 l heißen Weißwein und den heißen Tee sowie den Zitronen- und Apfelsinensaft hinzufügen. Durch ein Sieb in die Punschgläser gießen.

Indischer Punsch

1 l sehr starker schwarzer Tee, 6 Stück Würfelzucker, 2 Zitronen, 1/2 l Rotwein, 1/1 Flasche Rum, 1 Wasserglas Weinbrand, geriebene Muskatnuß.

Zu dem zubereiteten Tee den Würfelzucker geben, der vorher auf den Zitronen abgerieben wurde. Nach Belieben kann man den Tee noch weiter versüßen. Dazu kommt der Rotwein, Rum, Weinbrand und ein Hauch geriebene Muskatnuß. Alles erhitzen und heiß servieren. Für alle Fälle heißes Wasser zum Verdünnen bereitstellen.

Honigpunsch

3 Apfelsinen, 5 Zitronen, 1/2 Flasche Weinbrand, 1/2 l starker schwarzer Tee, 1 l Wasser, 300 g Honig, 1/2 Flasche Rum oder Arrak.

Den Saft der Früchte mit Weinbrand mischen und einige Stunden ziehen lassen. Dann mit Tee, Wasser, Honig und Rum oder Arrak zusammen erhitzen, nicht kochen.

Eine zweite Version:

1 Glas Honig (500 g), 1 1/2 l Wasser, 2 Apfelsinen, 1 Zitrone, 1 Stange Zimt, einige Gewürznelken, 1 l starker schwarzer Tee, 1/2 Flasche Arrak.

Honig mit Wasser, Apfelsinen- und Zitronenschale, Zimt und Gewürznelken aufkochen und abschäumen. Dann mit Tee und dem Arrak mischen und abgesiebt auf dem Rechaud heiß halten.

Steife Brise

2 Zitronen, 1/8 l Weinbrand, 1/2 l starker schwarzer Tee, 1/8 l Rum, 2 Eßlöffel Honig.

Den Saft und die abgeriebene Schale der Zitronen mit Weinbrand ansetzen. Nach einigen Stunden mit Tee und Rum vermischen. Das Ganze erhitzen und mit Honig süßen.

Whiskypunsch

1 Zitronenscheibe, 1 Teelöffel Zucker, 3 Gewürznelken, 1 Stück Zimtstange, heißer schwarzer Tee, 3 Eßlöffel Whisky.

Eine dicke Zitronenscheibe in ein Glas legen, mit Zucker bestreuen, die Gewürznelken und Zimtstange dazugeben und mit heißem Tee auffüllen, bis das Glas 2/3 voll ist. Zum Schluß den Whisky hinzufügen und umrühren.

Tafel IV: Tee-Crusta, Rezept Seite 54 ▷

chwepp
GINGER AL

Scotch-Punsch

1 Gläschen Scotch Whisky, 1 Gläschen Arrak, 1 Eßlöffel Zitronensaft, 1 Teelöffel Zucker, 2 Nelken, ein Hauch gemahlener Pfeffer, etwas Ingwerpulver, starker schwarzer Tee.

Whisky, Arrak, Zitronensaft im Glas mischen. Zucker, Nelken, Pfeffer, Ingwerpulver hinzugeben und mit heißem Tee auffüllen.

Geneverpunsch

Pro Person: 1 Glas echter holländischer Genever (wenn nicht, geht's auch mit Gin) 1 Gläschen Rum, 2 Teelöffel Puderzucker, 1 Prise gemahlener Zimt, 1 Prise Nelkenpulver, 1 Eßlöffel Zitronensaft, heißer schwarzer Tee.

Die angegebenen Zutaten bis auf den Tee gut vermischen und dann mit heißem starken schwarzen Tee auffüllen.

Kubanischer Punsch (siehe Tafel III, nach Seite 32)

Pro Glas: 2 Gläschen Rum, 2 Teelöffel Zucker, 1 Eßlöffel Zitronensaft, 1 Prise Zimt- und Nelkenpulper, starker schwarzer Tee, 1 Vanillestange.

Rum, Zucker, Zitronensaft in einem Glas mischen und mit Zimt und Nelkenpulver würzen. Das Glas mit heißem Tee füllen und mit einer Vanillestange umrühren. Die Vanillestange einige Zeit darin ziehen lassen, damit das Aroma besser angenommen wird.

Zum Schluß einen

Damenpunsch

1 Gläschen Rum, ½ Gläschen Curaçao, Zitronensaft, 2 Teelöffel Zucker, 1 Gewürznelke, heißer schwarzer Tee, Zitronenscheibe.

Rum, Curaçao, einige Tropfen Zitronensaft, Zucker und Gewürznelken verquirlen und diese Mixtur mit heißem Tee auffüllen. Zitronenscheibe auf den Glasrand stecken.

Tee-Drinks für die Party

Diese Überschrift werden Sie sicher mit Überraschung gelesen haben; was hat Tee auf einer Party zu suchen? Aber lesen Sie ruhig weiter und Sie werden sicher Spaß haben, dieses so anregende Getränk in der würdigen Partyverkleidung zu mixen. Tee verträgt sich mit vielen süßen und scharfen Sachen, und wegen der beruhigenden Wirkung auf die Magennerven laden Sie mit frohem Gewissen zur nächsten „Tee-Party" ein. Das Lob der gelungenen Überraschungsdrinks wird Ihnen gewiß sein.

Indischer Champagnertee

4 Teelöffel schwarzer Tee oder entsprechende Teebeutel, ¼ l Wasser, 12 Stück Zucker, 1 Zitrone, 2 Flaschen Sekt.

Tee aufbrühen, 5 Minuten ziehen lassen, süßen, mit Saft einer halben Zitrone und der spiralenförmig abgeschälten Schale der ganzen Zitrone kalt stellen. Vor dem Servieren mit 2 Flaschen Sekt auffüllen und noch einige Zitronenscheiben hineinlegen.

Stimmungsmacher

⅛ l Rum, ½ l Rotwein, ⅛ l Instant-Tee, 1 Dose Feigen, 1 Flasche Sekt.

Rum, Rotwein und Instant-Tee mischen. Den Saft der Feigen zufügen, die Früchte halbieren und in die Flüssigkeit geben. 2 bis 3 Stunden ziehen lassen und kurz vor dem Servieren den Sekt zufügen.

Eignet sich als Cocktail und reicht für 10 bis 12 Personen.

Champagnertee

1 Glas kaltes Wasser, 4 bis 5 gehäufte Teelöffel Zitronentee, ⅛ l Sekt, Zitronenscheiben.

Zitronentee im Wasser lösen, Sekt zufügen und sachte einmal umrühren. An den Glasrand eine Zitronenscheibe stecken. Ergibt 2 Gläser.

Tee-Früchte-Bowle

2 Eßlöffel schwarzer Tee, ½ l kochendes Wasser, 100 g weißer Kandis, 1 kleiner Apfel, 1 Apfelsine, 1 Päckchen tiefgekühlte Himbeeren, ⅜ l Apfelsaft, ⅛ l Zitronensaft, ½ Flasche Sekt.

Tee wie gewohnt aufbrühen, 5 Minuten ziehen lassen und abgießen. Den Kandiszucker darin auflösen. Obst in Stücke schneiden und mit den tiefgefrorenen Himbeeren zur Flüssigkeit geben, kalt stellen. Kurz vor dem Servieren Apfel-, Zitronensaft sowie den Sekt zugeben.

Variante zur Früchtebowle

4 Eßlöffel schwarzer Tee oder entsprechende Mengen Teebeutel, 1 l Wasser, ca. 200 g Zucker, 1 Zitrone, 2 Apfelsinen, 1/4 l Zitronensaft, 1/4 l Apfelsinensaft, 125 g Erdbeeren oder Pfirsiche, Aprikosen, Kirschen, Mandarinen, Ananas, Selterswasser.

Den aufgebrühten Tee 5 Minuten ziehen lassen, abgießen, süßen und kühl stellen. Zitrone und Apfelsinen in Scheiben schneiden und mit Zitronen- und Apfelsinensaft sowie den übrigen Früchten zum Tee geben. Mit Selters oder Soda auf den gewünschten Geschmack verdünnen.

Teebowle mit Wein

12 Teelöffel schwarzer Tee, 1 l Wasser, 2 Zitronen, 1/2 l Weißwein, 100 g Zucker.

Den Tee aufbrühen und 5 Minuten ziehen lassen, dann abgießen. Den Saft der Zitronen, den Zucker und den Wein dazugeben, abkühlen lassen und mit Eiswürfel servieren.

Stroma

4 Teelöffel schwarzer Tee, 1/4 l Wasser, Apfelsinenschale, 1/4 l Orangenlikör, 1 Spritzer Angostura, Saft von 1 Zitrone, 1/4 l Doppelkorn, Zucker, 1/2 Flasche Sekt, Mandarinen.

Tee wie gewohnt aufbrühen, 5 Minuten ziehen lassen und abgießen. Das Abgeriebene einer Apfelsine hinzufügen, nach 15 Minuten durchsieben und kaltstellen. Anschließend mit Orangenlikör, 1 Spritzer Angostura, Zitronensaft und Doppelkorn hinzufügen. Nach Geschmack süßen und kühl stellen. Kurz vor dem Servieren den Sekt und Mandarinenstücke hinzufügen, mit Trinkhalm servieren.

Italienischer Weintee

½ l doppelt starker schwarzer Tee, 2 Zitronen, ½ Flasche trockener italienischer Weißwein, 4 gestrichene Teelöffel Zucker, Eiswürfel.
Tee mit Zitronensaft, Weißwein und Zucker vermischen. Gläser mit Eiswürfel füllen und den Weintee darübergießen.

Teebowle – diesmal „ohne"

1 Eßlöffel schwarzer Tee, 2 Tassen Wasser, 4 Tassen Traubensaft, 2 Tassen Pampelmusensaft, 4 Tassen Sodawasser, Zucker, Eiswürfel.
Tee mit kochendem Wasser aufbrühen und abkühlen lassen. Dann den Traubensaft zufügen, sowie den Pampelmusensaft und Sodawasser. Nach Geschmack süßen. Mit Eiswürfel im Bowlengefäß servieren.

Variante zur alkoholfreien Bowle

4 Eßlöffel schwarzer Tee, 1 l Wasser, 200 g Zucker, ½ l Apfelsinen- und ¼ l Zitronensaft, 2 Apfelsinen, 1 Zitrone, 1 Tasse Erdbeeren, Eiswürfel.
Tee wie gewohnt aufbrühen, 5 Minuten ziehen lassen und in ein Bowlengefäß absieben. Zucker, Apfelsinen-, Zitronensaft, in Stücke geschnittene Apfelsinen, Zitrone und Erdbeeren in die Flüssigkeit geben und kurz umrühren, damit der Zucker sich löst. Mit frischem kalten Wasser verdünnen (nicht zuviel) und in Punschgläsern servieren. Wenn Sie wollen, noch Eiswürfel hinzufügen und Trinkhalme dazulegen.

Ananas-Tee-Bowle

12 Teelöffel schwarzer Tee, 1 l Wasser, 1 Dose Ananas, 200 g Zucker, Eiswürfel, 5 Zitronen.
Den Tee wie gewohnt aufbrühen und 5 Minuten ziehen lassen, abgießen und kalt stellen. Die Zuckerlösung zubereiten und ebenfalls kalt stellen. Die Ananas auf ein Sieb geben und abtropfen lassen. Den Saft von 4 Zitronen und den Ananassaft unter den Tee rühren. Ananas in kleine Stücke und 1 Zitrone in feine Scheiben schneiden, in den Tee geben, das Ganze mit Zuckerlösung abschmecken und mit reichlich Eiswürfel servieren.

Cherry-Tee

Zitronensaft, 2 Gläschen Cherrybrandy, 1 Tasse erkalteter normal starker schwarzer Tee. Cocktailkirschen.
Einige Tropfen Zitronensaft mit Cherrybrandy und Tee mixen. Im breiten Sektglas servieren. Mit Cocktailkirschen garnieren.

Teeflip

2 Glas Rum, 2 Glas Weinbrand, 3 Eigelb, 2 Eßlöffel Vanillezucker. Eisgekühlter schwarzer Tee.
Rum, Weinbrand, Eigelb mit Vanillezucker mit dem elektrischen Handmixer verquirlen. In Gläser verteilen, so daß man noch mit eisgekühltem schwarzen Tee auffüllen kann. Mit Trinkhalm servieren.

So schmeckt's herber:

1 Glas Rum, 2 Glas Weinbrand, 1 Ei, ganz wenig Zucker, Eiswürfel, kalter schwarzer Tee, Zimtpulver.
Im Mixer zerkleinertes Eis mit Rum, Weinbrand, Ei und Zucker mixen. In Gläser seihen, mit kaltem Tee auffüllen und mit Zimtpulver bestäuben.

Zu den beiden folgenden Rezepten benötigt man nachfolgenden Teeauszug: 50 g Tee 12 Stunden in 1 l kaltem Wasser einweichen und dann durch ein Sieb gießen.

Tea Delight

Tee-Auszug, Gin, 2 Spritzer Curaçao, 1 Spritzer Angostura-Bitter, 4 Spritzer Zitronensaft, Eiswürfel.
Tee-Auszug und Gin zu gleichen Teilen, Curaçao, Angostura-Bitter und Zitronensaft gut mischen und durchsieben. Mit viel Eiswürfel servieren.

Blended Bliss

3 Teile Tee-Auszug, 4 Teile Gin, ½ Teil Zucker und 4 Spritzer Zitronensaft mixen und mit Eis servieren.

Ginger Tee

½ Tasse extra starker schwarzer Tee, ½ Zitrone, kleingehackter, kandierter oder eingelegter Ingwer, 1 Gläschen Arrak, Zucker, Zitronenscheiben.
Tee, Zitronensaft, kleingehackten Ingwer und Arrak shaken. In ein Glas füllen und obenauf eine mit Zucker bestreute Zitronenscheibe legen.

Mandarinen-Ananas-Drink

Eiswürfel, Saft einer halben Mandarine, Arrak, Ananassaft, 1 Gläschen Rum, kalter schwarzer Tee.
Ca. 4 Eiswürfel in ein Glas geben, den Saft einer halben Mandarine, ebensoviel Arrak und ebensoviel Ananassaft dazugeben. 1 Gläschen Rum zugießen. Mit kaltem Tee auffüllen. Kräftig umrühren, Zucker ist wegen des Ananassaftes nicht notwendig.

Tee-Crusta (siehe Tafel IV, nach Seite 48)

Zitronensaft, Zucker, Eiswürfel, Puderzucker, starker, heißer, schwarzer Tee, Weinbrand.
Die Glasränder mit Zitronensaft anfeuchten und in Zucker drehen, so daß eine „Eiskruste" entsteht. Einige Eiswürfel in die Gläser verteilen, je 1 Teelöffel Puderzucker überstäuben. Starken heißen Tee und einen guten Schuß Weinbrand dazugießen. Gut umrühren.

Tee-Fruchtsaft-Becher (original englisches Rezept)

125 g Zucker, ⅛ l Wasser, ⅛ l kalter schwarzer Tee, ⅞ l Wasser, ⅛ l Fruchtsirup (z. B. von Hagebutten), je ⅛ l Orangen-, Zitronen- und Ananassaft, 1 kleine Flasche Limonade, 12 Kirschen, 2 Bananen, Eiswürfel.
Zucker mit ⅛ l Wasser 5 Minuten kochen. Tee, Wasser, Fruchtsirup, Orangen-, Zitronen- und Ananassaft hinzufügen und kühl stellen. Vor dem Servieren die Limonade, die Kirschen, in Scheiben geschnittene Bananen und Eiswürfel hinzufügen. Reicht für 12 Personen.

Zitronentee-Fruchtbecher (original englisches Rezept)

3/4 l doppelt starker schwarzer Tee, 1/2 l Zitronensaft, (wenigstens zu einem Drittel von frischen Zitronen), je 1/2 Tasse frischer Orangensaft, gehackte Maraschinokirschen, Sirup aus dem Kirschenglas, Zucker, 3/4 l Eisstücke, Zitronenscheiben, etwas gehacktes Melonenfleisch.

Den Tee, Zitronensaft, Orangensaft, gehackte Maraschinokirschen sowie den Sirup und nach Geschmack Zucker vermischen, kühl stellen. Das Eis zerkleinern und fast schmelzen lassen. Die Flüssigkeit in ein Bowlengefäß sieben und dünne Zitronenscheiben obenauflegen, jede Zitronenscheibe mit 1/2 Maraschinokirsche verzieren und, wenn Sie mögen, gehackte Melone hinzufügen.

Tee-Frucht-Trunk

1/4 Tasse schwarze Teeblätter, 3 Tassen kochendes Wasser, 1 Tasse Sirup, 3 Tassen kaltes Wasser, 1 1/2 Tasen Orangensaft, 3/4 Tasse Zitronensaft, 250 g Erdbeeren, 3/4 l Ginger-Ale, Eiswürfel, 1 Zitrone, Zucker.

Tee wie üblich mit 2 Tassen Wasser überbrühen und 5 Minuten ziehen lassen, dann in 1 Tasse Sirup absieben und abkühlen lassen. 3 Tassen kaltes Wasser, Orangensaft, Zitronensaft und in Scheiben geschnittene, gezuckerte Erdbeeren sowie Ginger-Ale hinzufügen. Die Glasränder in der aufgeschnittenen Zitrone drehen und in Zucker tauchen, mit Eiswürfel füllen und mit dem Getränk auffüllen.

Ein Punsch „ohne“

1/4 l heißer, starker schwarzer Tee, 175 g Zucker, 1/8 l Orangen- und 4 Eßlöffel Zitronensaft, 2 kleine Flaschen Ginger-Ale, 1 große Flasche Limonade, 1 Apfelsine.

In dem heißen Tee den Zucker auflösen, den Orangen- und Zitronensaft zufügen, in ein Bowlengefäß abgießen und kühl stellen. Vor dem Servieren Ginger-Ale und Limonade dazugießen und 1 in Scheiben geschnittene Apfelsine hineingeben. Ergibt ca. 10 bis 12 Gläser.)

Traubensaft-Teepunsch

2 Stück Zimtrinde, 12 Gewürznelken, 3 Eßlöffel schwarzer Tee, 2 Tassen kochendes Wasser, ½ Tasse Zucker, 2 Tassen Traubensaft, ⅓ Tasse Zitronensaft, 1 Teelöffel abgeriebene Zitronen- und Organgenschalen, Eiswürfel, 1 l Ginger-Ale.

Zimtrinde, Gewürznelken mit schwarzem Tee aufbrühen und 5 Minuten ziehen lassen, absieben und den Zucker darin auflösen, bei Zimmertemperatur abkühlen lassen. Dann Traubensaft, Zitronensaft und abgeriebene Zitronenschale hinzufügen. Kurz vor dem Servieren in ein mit Eiswürfel gefülltes Bowlenglas gießen und Ginger-Ale dazugeben. Ergibt ca. 8 bis 10 Gläser.

Punsch mit Whisky

3 Tassen Ananassaft, 1 l Whisky, ¼ Tasse Zucker, 3 Tassen starker kalter schwarzer Tee, 1 l Sodawasser, Apfelsinen- und Zitronenschalen.

Ananassaft, Whisky und Zucker verrühren, kaltstellen. Anschließend den kalten Tee zufügen und in eine Punschterrine füllen. Dazu gibt man Eiswürfel, Sodawasser, Apfelsinen- und Zitronenschalen. Ergibt ca. 25 Gläser.

Rum-Punsch

Zerkleinerte Eiswürfel, 1 Teelöffel Puderzucker, 1 Weinglas Weinbrand, 1 Weinglas Rum, 2 Teelöffel Arrak, Zitronensaft, ¼ Weinglas grüner Tee, 1 Prise Nelken- und Ingwerpulver, kalte Milch, Eiswürfel, gerieben Mußkatnuß oder Zimt. Trinkhalme.

Zerkleinerte Eiswürfel, Puderzucker, Weinbrand, Rum, Arrak, Zitronensaft, grünen Tee sowie Nelken- und Ingwerpulver im Mixer tüchtig mixen und Punschgläser zu ½ oder ⅓ damit füllen. Mit kalter Milch auffüllen und mit Eiswürfel, bestäubt mit Muskatnuß oder Zimt servieren.

Überraschungs-Punsch
(ist eine Kreuzung zwischen Punsch und Bowle)

1 l Rum, ¼ l Weinbrand, ¼ l Rotwein, 1 Glas sehr starker schwarzer Tee, 3 Apfelsinen, 1 Ananas, 2 bis 3 Flaschen Sekt.

Rum, Weinbrand, Rotwein und Tee vermischen. Apfelsinen und Ananas in Stücke schneiden und den Punsch darübergießen. 24 Stunden ziehen lassen und kalt stellen. Vor dem Servieren den Sekt zugießen.

Punsch für die Silvesterparty

1 Eßlöffel Ananasstücke, 1 Teelöffel Ananassaft, 1 Teelöffel Madeira, 1/4 l Rotwein, „Goldener Oktober", „Korsischer Rotwein", 2 1/2 bis 3 gehäufte Eßlöffel Citronentee-Getränk, 1 Likörglas Arrak.
Ananasstücke in eine kleine Schüssel geben, Ananassaft und Madeira darübergießen und 1 Stunde ziehen lassen.
Wein bis kurz vor dem Siedepunkt erhitzen, Citronen-Getränk darin lösen, abschmecken und über die Ananasstücke gießen. Zuletzt Arrak zufügen.
In Tee- oder Punschgläser servieren.
Tip: Statt Ananas können auch Pfirsiche oder Aprikosen verwendet werden.

Tee — in fester Form

Hier möchte ich Ihnen kein Teebrot oder etwas vorstellen, was aus Tee gebacken wird. Die Teeküche zeigt sich aber unerschöpflich, und deshalb gehören zu dieser Rezeptsammlung die Leckereien, die man als Nachtisch mit Tee aromatisiert, serviert oder als Beigabe zum Tee reichen kann. Denn Teegebäck ist etwas ganz „Besonderes". Lassen Sie das Aroma des Teegebäckes auf sich wirken, und sicher verspüren Sie Appetit auf eine knabbernde oder auf der Zunge zergehende Leckerei bei einem gemütlichen Tee-Plauderstündchen.

Tee-Zitronen-Kuchen (original englisches Rezept)

Je 62,5 g Korinthen und Rosinen, 1/4 l kalter starker schwarzer Tee, 1 gestrichener Teelöffel doppeltkohlensaures Natron, 85 g Schweineschmalz (oder Butter), 80 bis 100 g Zucker, abgeriebene Zitronenschale, 1 Prise Salz, 250 g Mehl, 1/2 Päckchen Backpulver.
Guß: 125 g Puderzucker, Zitronensaft, Hagelzucker, kandierte Zitronenscheiben.
Korinthen und Rosinen mit dem Tee zum Kochen bringen, 5 Minuten kochen lassen, Natron hinzufügen und abkühlen lassen. Schmalz, Zucker mit einem elektrischen Handrührgerät vermengen, die abgeriebene Zitronenschale, Salz, Mehl mit Backpulver vermischt und den abgekühlten Fruchttee hinzugeben. Alles durcharbeiten und in eine, mit Pergamentpapier ausgelegte, Königskuchenform füllen. Bei guter Mittelhitze ca. 1 Stunde backen.
Wenn der Kuchen abgekühlt ist, mit einem Puderzuckerguß überziehen, mit Hagelzucker bestreuen und mit kandierten Früchten garnieren.

Mandelküchlein

200 g Mehl, 1 gestrichener Teelöffel Backpulver, 100 g Puderzucker, 1 Teelöffel Ingwer, 50 g abgezogene Mandeln, 1 Eigelb, 5 bis 6 Eßlöffel Öl, etwas Weinbrand und einige ganze Mandeln.
Die Zutaten nacheinander außer den ganzen Mandeln, in einer Rührschüssel mit den Knethaken des elektrischen Handrührgerätes verkneten. Aus diesem Teig dann kleine Kugeln formen, auf ein gefettetes Blech legen, etwas flach drücken und eine ganze, abgezogene Mandel aufstecken. Die Mandelküchlein bei Mittelhitze ca. 15 bis 20 Minuten backen.

Verschiedene Teegebäcke

200 g Butter, 100 g Zucker, 3 Eier, 300 g Mehl, 150 g Mondamin, 1 Päckchen Backpulver, 1 Päckchen Vanillezucker, 5 Eßlöffel Wasser, 1 Eigelb, Mandelblättchen.
Die Zutaten zu einem Mürbeteig verarbeiten, ausrollen und mit Formen ausstechen. Mit Eigelb bepinseln und mit Mandelblättchen bestreuen.

200 g gemischte kandierte Früchte, 70 g Nüsse, 9 Eier, 1 Gläschen Arrak, 150 g Zucker, 200 g Mehl, 70 g Butter, abgeriebene Schale ½ Zitrone.
Das kandierte Obst und die Nüsse fein hacken, mit Arrak übergießen. 3 Eier, 6 Eigelb, Zucker und abgeriebene Zitronenschale in einem Topf im Wasserbad unter ständigem Schlagen erwärmen. Dann unter weiterem Schlagen die Masse abkühlen lassen. Mit Mehl und Butter verarbeiten und in eine gefettete und bemehlte Form legen. Bei mittlerer Hitze ca. 40 Minuten backen. Abkühlen lassen, in Scheiben schneiden und zum Tee servieren.

4 Eiweiß, 130 g Puderzucker, 80 g Mehl, Saft und abgeriebene Schale von ½ Zitrone, Butter.
Den Eischnee mit Puderzucker schaumig rühren, dann Mehl, geriebene Zitronenschale beifügen. Die Masse ½ Stunde stehen lassen und dann auf ein gebuttertes Blech mit Spritzbeutel kleine Plätzchen setzen, bei mittlerer Hitze backen.

125 g Mehl, 125 g Margarine, 125 g Zucker, 1 Ei, 3 Eigelb hartgekocht, zerdrückt, 1 Apfelsine, abgerieben, 1 Eßlöffel Rum, 125 g Mandeln, abgezogen, gerieben.
Zum Bestreichen: 1 Eigelb, 1 Eßlöffel Milch, verquirlt, Mandelscheiben, Zucker.
Aus den ersten Zutaten einen Mürbeteig zubereiten, über Nacht in den Kühl-

schrank stellen. Der Teig ist sehr weich. Vorsichtig kleine Teigportionen ausrollen und ausstechen. Auf ein gefettetes Backblech geben.
Eigelb mit Milch verquirlen, auf die Plätzchen streichen und Mandelscheiben mit Zucker gemischt daraufstreuen. Bei mittlerer Temperatur ca. 10 bis 15 Minuten backen.

Ingwerkeks

175 g Mehl, 1 gestrichener Teelöffel Backpulver, 25 g Stärkemehl, 100 g Margarine, 150 g Zucker, 1 Ei, 1 Eigelb, 2 Teelöffel Ingwerpulver, 50 g Mandeln, abgezogen, gerieben, ½ Vanilleschote, ausgeschabt.
Zum Bestreichen: 1 Eigelb, 1 Eßlöffel Milch verquirlt.
Mürbeteig zubereiten, über Nacht in den Kühlschrank stellen. Teig etwa 5 mm dick ausrollen, Kekse ausstechen oder ausradeln und auf ein gefettetes Backblech geben. Mit Eigelb-Milch bestreichen.
Bei mittlerer Hitze ca. 8 bis 12 Minuten backen.

Geröstete Walnüsse

1½ Tassen Walnußkerne, ½ Tasse Zucker, ½ Tasse Öl.
Die Nüsse mit heißem Wasser übergießen und 2 Minuten ziehen lassen, zum Abtropfen auf ein Sieb geben. Dann mit dem Zucker mischen und über Nacht ziehen lassen. Das Öl in der Pfanne erhitzen, die Walnüsse dazugeben und rühren, dabei goldbraun rösten.
Schmeckt köstlich zu einer Tasse Tee!

Englische Teebrötchen

200 g Mehl, 10 g Backpulver, 1 Eßlöffel weiche Butter, saure Milch, 1 Prise Salz.
Aus den angegebenen Zutaten einen Mürbeteig herstellen, dabei so viel saure Milch hinzufügen, daß ein fester Teig entsteht und ½ Stunde stehen lassen. Dann dick ausrollen und in Dreiecke schneiden. Auf einem leicht gemehlten Blech bei guter Mittelhitze ca. 12 Minuten backen. Diese Brötchen werden warm gegessen. Am besten toasten und dick mit Butter bestreichen.

250 g Mehl, ½ Teelöffel gemahlene Nelken, Zimt, Muskat (gemischt), 10 g Hefe, 50 g Zucker, 50 g Butter, ½ Tasse Milch, 1 Ei, 60 g Korinthen, Salz.
Zunächst einen Hefeteig zubereiten und vor dem zweiten Gehen die Korinthen unterarbeiten und den Teig zur doppelten Höhe gehen lassen. Dann Brötchen formen und im nötigen Abstand auf ein gefettetes Backblech setzen,

wo sie zugedeckt nochmals gehen müssen. Mit einem Messerrücken ein Kreuz einschneiden und bei guter Mittelhitze ca. 15 Minuten backen. Diese Brötchen werden heiß mit gezuckerter Milch bepinselt und warm mit Butter bestrichen, serviert.

Teekuchen

175 g Butter oder Margarine, 200 g Zucker, 3 Eier, 2 Eßlöffel Rum, abgeriebene Apfelsinenschale, 300 g Mehl, 1/2 Päckchen Backpulver, ca. 1/2 Tasse Milch.
Guß: Aprikosen-Konfitüre, 200 g Puderzucker, 2 Eßlöffel Rum, Butter, Zucker,
Eier, Apfelsinenschale und Rum schaumig rühren, Backpulver unter das Mehl mischen und nach und nach mit der Milch unter die Eiermasse rühren. Teig in eine gefettete Kastenform füllen und bei mittlerer Hitze ca. 45 Minuten backen. Den noch warmen Kuchen mit verdünnter Aprikosenkonfitüre bestreichen und sofort mit der Rum-Glasur überziehen.

Englischer Teekuchen

200 g Butter, 160 g Zucker, 4 Eier, abgeriebene Schale von 1 1/2 Zitronen, 2 Eßlöffel Rum, 1 Prise Salz, 200 g Mehl, 100 g Stärkemehl, 3 gestrichene Teelöffel Backpulver, 150 g kandierte Kirschen, 125 g Zitronat, 125 g Rosinen, 80 g gehackte Mandeln.
Butter schaumig rühren, löffelweise Zucker und nacheinander die Eier zugeben. Dann Zitronenschale, Rum und Salz zufügen. Mehl mit Backpulver vermischt unterrühren, zuletzt die geschnittenen Kirschen, Zitronat, Rosinen und gehackte Mandeln unterheben. Kastenform fetten, mit Pergamentpapier auslegen, fetten, Teig einfüllen, glattstreichen. Backzeit ca. 60 bis 75 Minuten bei mittlerer Hitze.

Zitronenkuchen

250 g Margarine, 250 g Zucker, 5 Eier, 250 g Mehl, 2 Teelöffel Backpulver, 1/8 l Zitronensaft (5 bis 6 Zitronen), 125 g Puderzucker, Puderzucker zum Bestäuben.
Einen Rührteig herstellen. Den Teig in eine gefettete Kastenform füllen und im vorgeheizten Backofen ca. 75 Minuten backen. In der Form zunächst etwas abkühlen lassen, mit einer Spicknadel mehrmals einstechen und mit dem Puderzucker, mit Zitronensaft verrührt, tränken. Erkaltet stürzen und mit Puderzucker bestäubt servieren.

Petersburger Teecreme

5 Blatt Gelatine, 1 Tasse starker heißer schwarzer Tee, 1 Tasse Weißwein, 1 Glas Rum, 4 Apfelsinen, 1 Zitrone, 75 g Zucker, 1/2 l Sahne.

Gelatine in etwas kaltem Wasser einweichen, ausdrücken und in dem heißen Tee auflösen. Wein, Rum, Apfelsinen-, Zitronensaft sowie Zucker hinzufügen. Sahne steif schlagen und erst dann unter die Creme ziehen, wenn sie anfängt, dick zu werden. In Gläsern angerichtet servieren.

Englische Teecreme

6 Eier, 200 g Zucker, 1/2 l Wasser, 3 gehäufte Teelöffel Instant Tee, Saft von 2 Apfelsinen und 1 Zitrone, 1 Blatt weiße Gelatine, etwas abgeriebene Orangenschale.

Eigelb mit Zucker mit dem elektrischen Handrührgerät schaumig rühren. Instant Tee mit wenig heißem Wasser auflösen, knapp 1/2 l Wasser und dann die Obstsäfte dazugeben. Im Wasserbad oder auf der Automatikplatte, Stellung 3, dickschaumig schlagen — auf keinen Fall kochen.

Gelatine in warmer Creme auflösen, Orangenschale dazugeben und abkühlen lassen. Sobald die Creme zu gelieren beginnt, nochmals durchschlagen und den sehr steif geschlagenen Eischnee unterziehen. Ergibt ca. 6 bis 8 Portionen. Mit kandierten Kirschen garnieren.

Ostfriesische Teecreme

2 Teelöffel schwarzer Tee, 1/2 Tasse Wasser, 1 Tasse Milch, 3 Eßlöffel Zucker, 1 Ei, 1 1/2 Eßlöffel Stärkemehl, Rum und Zitrone.

Den Tee wie gewohnt aufbrühen, abkühlen lassen und dann abgießen. Die Milch mit dem Zucker zum Kochen bringen. Das Eigelb mit dem Stärkemehl verquirlen und mit dem kalten Tee in die kochende Milch geben. Das Ganze noch einmal aufwallen lassen. Das steifgeschlagene Eiweiß unterziehen, die Creme mit Rum und Zitrone abschmecken und in Gläsern servieren.

Abwandlung

4 gehäufte Teelöffel schwarzer Tee, 1/4 l Wasser, 1/2 l Milch, 125 g Zucker, 4 Eigelb, 2 Eßlöffel Stärkemehl, 35 g Vanillepuddingpulver, 4 Eiweiß, 2 Eßlöffel Rum, 1 Eßlöffel Zitronensaft. Löffelbiskuits, kandierte Kirschen oder Sauerkirschen.

Den Tee aufbrühen und auf den Blättern erkalten lassen, die Milch mit dem Zucker zum Kochen bringen. Eigelb mit Stärkemehl und Vanillepuddingpulver

mit dem kalten Tee verquirlen, in die kochende Milch gießen und einmal aufwallen lassen.
Den steifgeschlagenen Eischnee unterziehen und die Creme mit Rum und Zitronensaft abschmecken. 1/3 der Creme in eine Glasschale füllen, Löffelbiskuits auflegen und die restliche Creme darübergeben. Kalt stellen. Vor dem Servieren mit kandierten Kirschen oder Sauerkirschen garnieren.

Abwandlung

2 Eigelb, 2 Eßlöffel Zucker, 1 Päckchen Vanillezucker, 1 gehäufter Teelöffel Stärkemehl, 1/2 l heißer schwarzer Tee, Pfirsichschnitzel, Sahne, Vanillezucker, Rum.
Eigelb, Zucker, Vanillezucker schaumig rühren, Stärkemehl dazugeben und langsam 1/2 l heißen Tee unterrühren. Auf der Kochstelle langsam zum Kochen kommen lassen. Wenn die Creme erkaltet ist, mit Pfirsichschnitzel in Gläsern verteilen. Obenauf kommt steifgeschlagene mit Vanillezucker und Rum abgeschmeckte Sahne.

Teegelee

1 l starker schwarzer Tee, Zucker, 15 Blatt weiße Gelatine, Sahne.
Den Tee wie gewohnt zubereiten und nach Geschmack süßen. Gelatine einweichen und in dem heißen Tee völlig auflösen. In mit kaltem Wasser ausgespülten Puddingförmchen gießen und kalt stellen. Nach dem Erstarren stürzen. Wenn das Stürzen schwierig ist, die Förmchen kurz in heißes Wasser stellen. Die gestürzten Portionen hübsch mit Sahne garnieren.

Tee-Zitronen-Gelee

7 gestrichene Teelöffel weißes Gelatinepulver, 1/4 l schwarzen Tee, Saft von 1 1/2 Zitronen, Zucker, Sahne.
Die Gelatine in 5 Eßlöffel Tee, die von dem 1/4 l abgenommen sind, quellen lassen. Den übrigen Tee erhitzen und die Gelatine in dem heißen Tee völlig lösen. Den Zitronensaft hinzufügen, mit Zucker abschmecken und im Kühlschrank portioniert erstarren lassen. Mit einer Sahnehaube servieren.

Tee-Götterspeise

1 Päckchen Götterspeise mit Zitronengeschmack nach Vorschrift zubereiten — nur statt der angegebenen Wassermenge durchgesiebten kalten Tee nehmen und (wenn die Masse zu gelieren beginnt) die abgeriebene Schale einer ganzen Zitrone hinzufügen.

Anekdoten – Teeweisheiten – Spitznamen – alles dreht sich um Tee!

Die Erzieherin der Königin Victoria von England, die Herzogin von Northumberland, war der Meinung, daß der Genuß von Tee und die Lektüre der „Times" für junge Mädchen schwere Sünden seien, und verbot deshalb ihrem Zögling beides streng. Unmittelbar nachdem Victoria am 28. Juni 1837 zur Königin gekrönt worden war, verlangte sie eine Tasse Tee und die neueste Ausgabe der „Times". Beides wurde ihr sofort gebracht, und Victoria sagte lächelnd: „Nun erst ist der Beweis da, daß ich tatsächlich herrsche!" Tee blieb neben Whisky ihr Lieblingsgetränk.

Jüngst war ich bei Baron Alfred de Rothschild zu Gast in seinem Stadtpalais am Seamore Place. Frühmorgens erschien ein livrierter Diener in meinem Schlafzimmer mit einem riesigen Servierwagen und fragte: „Wünschen Sie Tee oder einen frischen Pfirsich Sir?" Ich wählte Tee, und sofort kam die nächste Frage: „Chinesischen, Indischen oder Ceylon, Sir?" Ich nahm indischen, und sofort ging es weiter: „Mit Zitrone, Rahm oder Milch, Sir?". Ich entschied mich für Milch, und nun wurde ich nach der Rinderrasse gefragt: „Jersey, Hereford oder Shorthorn, Sir?" Nie hat mir eine Tasse Tee köstlicher geschmeckt, hier war ich wirklich Seine Majestät, der Gast.

Cecil Rhodes, engl. Premierminister

„Mein Mann ist dauernd so erkältet", erklärte Frau Schiller, „daß er sich kaum auf den Beinen halten kann." — „Aber dagegen gibt es doch ein gutes Hausmittel: Tee mit Rum", sagt Frau Maurer. „Hat Ihr Mann das schon probiert?" — „Natürlich", entgegnet Frau Schiller, „deshalb kann er sich ja nicht mehr auf den Beinen halten."

Man hat einen Kapitän zu Gast. Die Hausfrau fragt: „Trinken Sie den Tee mit oder ohne Rum?" Der brave Seebär antwortet: „Mit Rum: Aber wissen Sie — den Tee lasse ich eigentlich immer weg."

In Australien nennt man den Teekessel „Billy" und die Teekanne „Mathilde".

Nicht aus dem Kaffeesatz, sondern aus aufgebrühten Teeblättern lesen die englischen Wahrsagerinnen die Zukunft.

Teeismus ist die Kunst, Schönheit zu verhüllen, um sie zu entdecken, und etwas anzudeuten, was man nicht zu enthüllen wagt. Er ist das feine Geheimnis, leise und doch gründlich über sich selbst zu lachen, und somit die gute Laune selbst — das Lächeln der Philosophie.

Charles Lamb (Verschworener Teeverehrer, aus dem Buch vom Tee)

Wenn du ein gutes Weib hast, einen Borschtsch und einen kräftigen Tee, kannst du mit deinem Leben zufrieden sein.

Kaukasisches Sprichwort

Männer sind wie Tee: Vorübergehend muß man sie ziehen lassen.

Französisches Sprichwort

Küssen — das ist, als ob man Tee aus einem Sieb trinken sollte, man bekommt niemals genug davon. *Chinesisches Sprichwort*

In Tee sein bedeutet in Norddeutschland und Berlin: angetrunken sein.

Seinen Tee bekommen besagt in Süddeutschland: kurz abgefertigt und hinausgeworfen werden.

Teekind, beim Lehrer bevorzugter Schüler.

Laß dir Tee kochen sagt man zu denen, die nicht realisierbare Ideen und Pläne haben.

Gesamt-Programm

Hobby

Aquarellmalerei leicht gemacht. (5099) Von Thomas Hinz, 64 S., 79 Farbfotos, Pappband. — DM/Fr **12.80** S 98,–

Naive Malerei leicht gemacht. (5083) Von Felizitas Krettek, 64 S., 76 Farbfotos, Pappband. — DM/Fr **12.80** S 98,–

Ölmalerei leicht gemacht. (5073) Von Heiner Karsten, 64 S., 62 Farbfotos, Pappband. — DM/Fr **12.80** S 98,–

Zeichnen Sie mal – malen Sie mal (5095) Von Ferry Ahrlé und Volker Kühn, 112 S., 16 Farbtafeln, viele Zeichnungen, kartoniert. — DM/Fr **14.80** S 118,–

Bauernmalerei als Kunst und Hobby. (4057) Von Arbo Gast und Hannie Stegmüller, 128 S., 239 Farbfotos, 26 Riß-Zeichnungen, gebunden. — DM/Fr **36,–** S 288,–

Hobby-Bauernmalerei (0436) Von Senta Ramos und Jo Roszak, 80 S., 116 Farbfotos und 28 Motivvorlagen, kartoniert. — DM/Fr **19.80** S 158,–

Bauernmalerei – leicht gemacht. (5039) Von Senta Ramos, 64 S., 78 Farbfotos, Pappband. — DM/Fr **12.80** S 98,–

Glasmalerei als Kunst und Hobby. (4088) Von Felizitas Krettek und Suzanne Beeh-Lustenberger, 132 S., mit 182 Farbfotos, 38 Motivvorlagen, gebunden. — DM/Fr **39,–** S 312,–

Glasritzen – ein neues Hobby. (5109) Von Gerlind Mégroz, 64 S., 110 Farbfotos, 15 Zeichnungen, Pappband. — DM/Fr **14.80** S 118,–

Brandmalerei leicht gemacht. (5106) Von Klaus Reinhardt, 64 S., 68 Farbfotos, 23 Zeichnungen, Pappband. — DM/Fr **12.80** S 98,–

Töpfern als Kunst und Hobby. (4073) Von Johann Fricke, 132 S., 37 Farbfotos, 222 s/w-Fotos, gebunden. — DM/Fr **29.80** S 238,–

Arbeiten mit Ton (5048) Von Johann Fricke, 128 S., 15 Farbtafeln, 166 s/w-Fotos, kartoniert. — DM/Fr **14.80** S 118,–

Keramik kreativ gestalten (5072) Von Ewald Stark, 64 S., 117 Farbfotos, 2 Zeichnungen, Pappband. — DM/Fr **12.80** S 98,–

Fotografie – Das schöne als Ziel Zur Ästhetik und Psychologie der visuellen Wahrnehmung. (4122) Von Ewald Stark, 208 S., 252 Farbfotos, 63 Zeichnungen, Ganzleinen, mit vierfarbigem Schutzumschlag. — DM/Fr **78,–** S 624,–

Freude am Fotografieren Die neue praktische Fotoschule mit über 500 Farbfotos. (4127) Von der Fachredaktion Kodak, 312 S., über 500 Farbfotos, Pappband. — Subskript. DM/Fr **39,–** S 320,–

So macht man bessere Fotos Das meistverkaufte Fotobuch der Welt. (0614) Von Martin L. Taylor, 192 S., 457 Farbfotos, 15 Abbildungen, kartoniert. — DM/Fr **14.80** S 118,–

Schöne Geschenke selber machen (4128) Von M. Kühnle, 128 S., 278 Farbfotos, 85 farbige Zeichnungen, mit vierfarbigem Schutzumschlag. — DM/Fr **39,–** S 320,–

Schöne Sachen Selbermachen 88 Ideen zum Modellieren und Verschenken. (5117) Von Evelyn Guder-Thelen, 64 S., 73 Farbfotos, Pappband. — DM/Fr **12.80** S 98,–

Modellieren mit selbsthärtendem Material. (5085) Von Klaus Reinhardt, 64 S., 93 Farbfotos, Pappband. — DM/Fr **12.80** S 98,–

Formen Gießen und Bemalen (0639) Von H. Berger, 32. S., 46 Farbfotos, Spiralbindung. — DM/Fr **6.80** S 55,–

Hobby Seidenmalerei (0611) Von Renate Henge, 88 S., 106 Farbfotos, 28 Zeichnungen, kartoniert. — DM/Fr **19.80** S 158,–

Hobby Holzschnitzen Von der Astholzfigur zur Vollplastik. (5101) Von Heinz-D. Wilden, 112 S., 16 Farbtafeln, 135 s/w-Fotos, kartoniert. — DM/Fr **14.80** S 118,–

Holzspielzeug selbst gebaut und bemalt. (5104) Von Mathias Kern, 64 S., 103 Farbfotos, 9 Zeichnungen, Pappband. — DM/Fr **12.80** S 98,–

Marionetten entwerfen · gestalten · führen. (5118) Von Axel Krause und Alfred Bayer, 64 S., 83 Farbfotos, 2 s/w-Fotos, 40 Zeichnungen, Pappband. — DM/Fr **14.80** S 118,–

Papiermachen ein neues Hobby. (5105) Von Ralf Weidenmüller, 64 S., 84 Farbfotos, 9 s/w-Fotos, 14 Zeichnungen, Pappband. — DM/Fr **14.80** S 118,–

Origami – die Kunst des Papierfaltens. (0280) Von Robert Harbin, 160 S., über 600 Zeichnungen, kartoniert. — DM/Fr **9.80** S 78,–

Phantasieblumen aus Strumpfgewebe, Tauchlack, Papier, Federn. (5091) Von Ruth Scholz-Peters, 64 S., 70 Farbfotos, Pappband. — DM/Fr **12.80** S 98,–

Kerzen und Wachsbilder gießen · modellieren · bemalen. (5108) Von Christa Riess, 64 S., 110 Farbfotos, Pappband. — DM/Fr **12.80** S 98,–

Zinngießen leicht gemacht. (5076) Von Käthi Knauth, 64 S., 85 Farbfotos, Pappband. — DM/Fr **12.80** S 98,–

Das Herbarium Pflanzen sammeln, bestimmen und pressen. Gestalten mit Blüten, Blättern und Gräsern. (5113) Von Ingrid Gabriel, 96 S., 140 Farbtafeln, 6 farbige Zeichnungen, Pappband. — DM/Fr **16.80** S 134,–

Hobby Trockenblumen Gewürzsträuße, Gestecke, Kränze, Buketts (0643) Von Rosemie Strobel-Schulze, ca. 80 S., ca. 150 Farbfotos, kartoniert, Voraussichtl. Erscheinungstermin: April '83 — ca.* DM/Fr **19.80** S 158,–

Trockenblumen und Gewürzsträuße (5084) Von Gabriele Vocke, 64 S., 63 Farbfotos, Pappband. — DM/Fr **12.80** S 98,–

Flechten mit Bast, Stroh und Peddigrohr. (5098) Von Hanne Hangleiter, 64 S., 47 Farbfotos, 76 Zeichnungen, Pappband. — DM/Fr **12.80** S 98,–

Schmuck und Objekte aus Metall und Email (5078) Von Johann Fricke, 120 S., 183 Abbildungen, kartoniert. — DM/Fr **16.80** S 134,–

Gestalten mit Glasperlen Fädeln · Stricken · Weben. (0640) Von A. Kähler, 32 S., 53 Farbfotos, Spiralbindung. — DM/Fr **6.80** S 55,–

Makramee als Kunst und Hobby. (4085) Von Eva Andersen, 128 S., 114 Farbfotos, 157 s/w-Fotos, gebunden. — DM/Fr **34,–** S 272,–

FALKEN VERLAG

Makramee Knüpfarbeiten leicht gemacht. (5075) Von Birte Pröttel, 64 S., 95 Farbfotos, Pappband. DM/Fr **12.80** S 98,–

Häkeln und Makramee Techniken – Geräte – Arbeitsmuster. (0320) Von Dr. Marianne Stradal, 104 S., 191 Abbildungen und Schemata, kartoniert. DM/Fr **6.80** S 55,–

Selbstgestrickte Puppen Materialien und Arbeitsanleitungen (0638) Von B. Wehrle, 32 S., 20 Farbfotos, 24 Zeichnungen, Spiralbindung. DM/Fr **6.80** S 55,–

Falken-Handbuch Stricken Abc der Stricktechniken und Strickmuster in ausführlichen Schritt-für-Schritt-Bildfolgen. (4137) Von Maria Natter, 320 S., 32 Farbtafeln, über 800 Fotos und Zeichnungen, Pappband. Voraussichtl. Erscheinungstermin: April '83 ca.* **DM**/Fr **28,–** S 220,–

Strick mit! Ein Kurs für Anfänger. (5094) Von Birte Pröttel, 120 S., 72 Farbfotos, 188 s/w-Abbildungen, kartoniert. DM/Fr **14.80** S 118,–

Restaurieren von Möbeln Stilkunde, Materialien, Techniken, Arbeitsanleitungen. (4120) Von Ellinor Schnaus-Lorey, 152 S., 418 Zeichnungen, s/w-und Farbfotos, gebunden, mit vierfarbigem Schutzumschlag. DM/Fr **39,–** S 320,–

Stoff- und Kuscheltiere stricken, häkeln, nähen. (5090) Von Birte Pröttel, 64 S., 50 Farbfotos, Pappband. DM/Fr **12.80** S 98,–

Formen mit Backton trocknen · backen · bemalen · Neu: Töpfern ohne Brennofen. (0612) Von Angelika Köhler, 32 S., ca. 51 Farbfotos, Spiralbindung. DM/Fr **6.80** S 55,–

Hobby Salzteig (0662) Von Isolde Kiskalt, 80 S., ca. 120 Farbfotos, kartoniert. Voraussichtl. Erscheinungstermin: Februar '83 ca.* **DM**/Fr **19.80** S 158,–

Gestalten mit Salzteig Formen · Bemalen · Lackieren. (0613) Von Wolf-Ulrich Cropp, 32 S., 56 Farbfotos, 17 Zeichnungen. DM/Fr **6.80** S 55,–

Leder schneiden · prägen · besticken. (5125) Von Karl-Heinz Bühler, 64 S., ca. 90 Farbfotos und Zeichnungen, Pappband. DM/Fr **14.80** S 118,–

Gestalten mit Naturmaterialien Zweige, Kerne, Federn Muscheln und anderes (5128) Von I. Krohn, 64 S., 101 Farbfotos, 11 farbige Zeichnungen, Pappband. DM/Fr **14.80** S 118,–

Textiles Gestalten Spinnen · Weben · Stoffdruck · Batik · Makramee · Sticken. (5123) Von Johann Fricke, 136 S., 67 Farb- und 189 s/w-Fotos, 15 Zeichnungen, kartoniert. DM/Fr **16.80** S 134,–

Hobby Stoffdruck und Stoffmalerei (0555) Von Anneliese Ursin, 80 S., 68 Farbfotos, 68 Zeichnungen, kartoniert. DM/Fr **19.80** S 158,–

Stoffmalerei und Stoffdruck leicht gemacht. (5074) Von Heide Gehring, 64 S., 110 Farbfotos, Pappband. DM/Fr **12.80** S 98,–

Batik leicht gemacht. (5112) Von Arbo Gast, 64 S., 105 Farbfotos, Pappband. DM/Fr **12.80** S 98,–

Graphische Drucktechniken Holzschnitt · Radierung · Linolschnitt · Lithographie · Siebdruck (5126) Von J. Fricke, ca. 128 S., ca. 120 Fotos, Pappband. ca.* **DM**/Fr **14.80** S 118,–

Zugeschaut und mitgebaut Band 1 Helmut Scheuer im Hobby-Keller. (5031) Von Helmut Scheuer, 96 S., 218 Farb- und s/w-Fotos, kartoniert. DM/Fr **14.80** S 118,–

Zugeschaut und mitgebaut Band 3 Helmut Scheuer im Hobby-Keller. (5077) Von Hemut Scheuer, 120 S., 291 Farb- und s/w-Fotos, kartoniert. DM/Fr **14.80** S 118,–

Zugeschaut und mitgebaut Band 4 Helmut Scheuer im Hobby-Keller. (5093) Von Helmut Scheuer, 120 S., 122 Farbfotos, 113 s/w-Abbildungen, kartoniert. DM/Fr **14.80** S 118,–

Falken-Handbuch **Heimwerken** Reparieren und selbermachen in Haus und Wohnung – über 1100 Farbfotos. Sonderteil: Praktisches Energiesparen. (4117) Von Thomas Pochert, 440 S., 1103 Farbfotos, 100 ein- und zweifarbige Abbildungen, gebunden. DM/Fr **49,–** S 392,–

Möbel aufarbeiten, reparieren, pflegen (0386) Von Ellinor Schnaus-Lorey, 96 S., 28 Fotos und 101 Zeichnungen, kartoniert. DM/Fr **6.80** S 55,–

Mineralien und Steine erkennen und benennen. Farben · Formen · Fundorte. (0409) Von Rudolf Graubner, 136 S., 100 Farbfotos, kartoniert. DM/Fr **14.80** S 118,–

Findet den ersten Stein! Mineralien, Steine und Fossilien Grundkenntnisse für Hobbysammler. (0437) Von Dieter Stobbe, 96 S., 16 Farbtafeln, 14 s/w-Fotos, 10 Zeichnungen, kartoniert. DM/Fr **9.80** S 78,–

Der Verseschmied Kleiner Leitfaden für Hobbydichter. Mit Reimlexikon (0597) Von Theodor Parisius, 96 S., 28 Zeichnungen, kartoniert. DM/Fr **7.80** S 65,–

Briefmarken sammeln für Anfänger. (0481) Von Dieter Stein, 120 S., 4 Farbtafeln, 98 s/w-Abbildungen, kartoniert. DM/Fr **7.80** S 65,–

Münzen Ein Brevier für Sammler. (0353) Von Erhard Dehnke, 128 S., 4 Farbtafeln, 17 s/w-Abbildungen, kartoniert. DM/Fr **9.80** S 78,–

Papiergeld Ein Brevier für Sammler. (0501) Von Albert Pick, 116 S., 51 s/w-Fotos, kartoniert. DM/Fr **9.80** S 78,–

Astronomie als Hobby Sternbilder und Planeten erkennen und benennen. (0572) Von D. Block, 176 S., 16 Farbtafeln, 49 s/w-Fotos, 93 Zeichnungen, kartoniert. DM/Fr **14.80** S 118,–

Modellflug-Lexikon (0549) Von Werner Thies, 280 S., 98 s/w-Fotos, 234 Zeichnungen, Pappband. DM/Fr **36,–** S 288,–

Flugmodelle bauen und einfliegen. (0361) Von Werner Thies und Willi Rolf, 160 S., 63 Abbildungen und 7 Faltpläne, kartoniert. DM/Fr **12.80** S 98,–

Ferngelenkte Motorflugmodelle bauen und fliegen. (0400) Von Werner Thies, 184 S., mit Zeichnungen und Detailplänen, kartoniert. DM/Fr **12.80** S 98,–

Das große Modell-Motorenbuch (0560) Von Roland Schwarz, 236 S., 142 s/w-Fotos, 120 Zeichnungen, kartoniert. DM/Fr **29.50** S 236,–

Ferngelenkte Segelflugmodelle bauen und fliegen. (0446) Von Werner Thies, 176 S., 22 s/w-Fotos, 115 Zeichnungen, kartoniert. DM/Fr **14.80** S 118,–

Schiffsmodelle selber bauen. (0500) Von Dietmar und Reinhard Lochner, 200 S., 93 Zeichnungen, 2 Faltpläne, kartoniert. DM/Fr **14.80** S 118,–

Moderne Fotopraxis Bildgestaltung · Aufnahmepraxis · Kameratechnik · Fotolexikon. (4030) Von Wolfgang Freihen, 304 S., davon 50 vierfarbig, gebunden. DM/Fr **36,–** S 288,–

Falken-Handbuch **Dunkelkammerpraxis** Laboreinrichtung · Arbeitsabläufe · Fehlerkatalog. Mit den neuesten Farbentwicklungsverfahren. (4140) Von Bernd Bruns, Eugen Pauli, ca. 192 S., ca. 400 s/w-Fotos, ca. 90 Zeichnungen, Pappband. Voraussichtl. Erscheinungstermin: April '83 ca.* **DM**/Fr **24.80** S 198,–

Moderne Schmalfilmpraxis Ausrüstungen · Drehbuch · Aufnahme · Schnitt · Vertonung. (4043) Von Uwe Ney, 328 S., über 200 Abbildungen, gebunden. DM/Fr **29.80** S 238,–

Schmalfilmen Ausrüstung · Aufnahmepraxis · Schnitt · Ton. (0342) Von Uwe Ney, 108 S., 4 Farbtafeln, 25 s/w-Fotos, kartoniert. DM/Fr **6.80** S 55,–

Schmalfilme selbst vertonen (0593) Von Uwe Ney, 96 S., 57 s/w-Fotos, 14 Zeichnungen, kartoniert. DM/Fr **9.80** S 78,–

Falken-Handbuch **Videofilmen** Systeme, Kameras, Aufnahme, Ton und Schnitt. (4093) Von Peter Lanzendorf 288 S., 8 Farbtafeln, 165 s/w-Fotos, 25 Zeichnungen, gebunden. DM/Fr **36,–** S 288,–

Falken-Handbuch **Trickfilmen** Flach-, Sach- und Zeichentrickfilme – von der Idee zur Ausführung. (4131) Von Heinz D. Wilden, ca. 160 S., ca. 200 Zeichnungen und Fotos, Pappband. Voraussichtlicher Erscheinungstermin: März '83 DM/Fr **36,–** S 288,–

Gitarre spielen Ein Grundkurs für den Selbstunterricht. (0534) Von Atti Roßmann, 96 S., 1 Schallfolie, 150 Zeichnungen, durchgehend zweifarbig, kartoniert. DM/Fr **19.80** S 158,–

Sport

Die neue Tennis-Praxis Der individuelle Weg zu erfolgreichem Spiel. (4097) Von Richard Schönborn, 240 S., 202 Farbzeichnungen, gebunden. DM/Fr **39,–** S 312,–

Erfolgreiche Tennis-Taktik (4086) Von Robert Ford Greene, übersetzt von Michael Rolf Fischer, 181 S., 87 Abbildungen, kartoniert. DM/Fr **19,80** S 158,–

Frust und Freud beim Tennis Psychologische Studien der Spielertypen und Verhaltensweisen. (4079) Von H. Cath, A. Kahn und N. Cobb, 176 S., gebunden. DM/Fr **19,80** S 158,–

Tennis Technik – Taktik – Regeln. (0375) Von Harald Elschenbroich, 112 S., 81 Abbildungen, kartoniert. DM/Fr **6,80** S 55,–

– Preisänderungen vorbehalten –

Squash Ausrüstung – Technik – Regeln. (0539) Von Dietrich von Horn und Hein-Dirk Stünitz, 96 S., 55 s/w-Fotos, 25 Zeichnungen, kartoniert. — DM/Fr 8,80 / S 70,–

Tennis kompakt Der erfolgreiche Weg zu Spiel, Satz und Sieg. (5116) Von Wilfried Taferner, 128 S., 82 s/w-Fotos, 67 Zeichnungen, kartoniert. — DM/Fr 12,80 / S 98,–

Golf Ausrüstung – Technik – Regeln. (0343) Von J.C. Jessop, übersetzt von Heinz Biemer, mit einem Vorwort von H. Krings, Präsident des Deutschen Golf-Verbandes, 160 S., 65 Abbildungen, Anhang Golfregeln des DGV, kartoniert. — DM/Fr 16.80 / S 134,–

Tischtennis modern gespielt mit TT-Quiz 17:21. (0363) Von Ossi Brucker und Tibor Harangozo, 120 S., 65 Abbildungen, kartoniert. — DM/Fr 9.80 / S 78,–

Basketball Technik und Übungen für Schule und Verein. (0279) Von Chris Kyriasogiou, 116 S., mit 252 Übungen zur Basketballtechnik, 186 s/w-Fotos und 164 Zeichnungen, kartoniert. — DM/Fr 12.80 / S 98,–

Fußball Training und Wettkampf. (0448) Von Holger Obermann und Peter Walz, 166 S., 93 s/w-Fotos, 56 Zeichnungen, kartoniert. — DM/Fr 9.80 / S 78,–

Mein bester Freund, der Fußball (5107) Von Detlev Brüggemann und Dirk Albrecht, 144 S., 171 Abbildungen, kartoniert. — DM/Fr 16.80 / S 134,–

Handball Technik – Taktik – Regeln. (0426) Von Fritz und Peter Hattig, 128 S., 91 s/w-Fotos, 121 Zeichnungen, kartoniert. — DM/Fr 9.80 / S 78,–

Volleyball Technik – Taktik – Regeln. (0351) Von Henner Huhle, 102 S., 330 Abbildungen, kartoniert. — DM/Fr 9.80 / S 78,–

Segeln (4207) Von Claus Hehner, 96 S., 106 großformatige Farbfotos, Pappband. — DM/Fr 24.80 / S 198,–

Falken-Handbuch **Tauchsport** Theorie · Geräte · Technik · Training. (4062) Von Wolfgang Freihen, 264 S., 252 Farbfotos, gebunden. — DM/Fr 36,– / S 288,–

Sporttauchen Theorie und Praxis des Gerätetauchens (0647) Von Siegfried Müßig, ca. 176 S., 8 Farbtafeln, ca. 100 Zeichnungen und Fotos, kartoniert. Voraussichtl. Erscheinungstermin: Februar '83 — ca.* DM/Fr 9,80 / S 78,–

Falken-Handbuch **Angeln** in Binnengewässern und im Meer. (4090) Von Helmut Oppel, 344 S., 24 Farbtafeln, 66 s/w-Fotos, 151 Zeichnungen, gebunden. — DM/Fr 39,– / S 312,–

Angeln Kleine Fibel für den Sportfischer. (0198) Von E. Bondick, 96 S., 116 Abbildungen, kartoniert. — DM/Fr 6.80 / S 55,–

Sportfischen Fische – Geräte – Technik. (0324) Von Helmut Oppel, 144 S., 49 s/w-Fotos, 8 Farbtafeln, kartoniert. — DM/Fr 9.80 / S 78,–

Windsurfing Lehrbuch für Grundschein und Praxis. (5028) Von Calle Schmidt, 64 S., 60 Farbfotos, Pappband. — DM/Fr 12.80 / S 98,–

Skilanglauf Skiwandern Ausrüstung und Techniken (5129) Von T. Reiter, R. Kerler, 80 S., 8 Farbtafeln, 85 Zeichnungen und s/w-Fotos, kartoniert. — DM/Fr 12,80 / S 98,–

Skischule Ausrüstung · Technik · Gymnastik. (0369) Von Richard Kerler, 128 S., 100 Abbildungen, kartoniert. — DM/Fr 7.80 / S 65,–

Ski-Gymnastik Fit für Piste und Loipe. (0450) Von Hannelore Pilss-Samek, 104 S., 67 s/w-Fotos, 20 Zeichnungen, kartoniert. — DM/Fr 6.80 / S 55,–

Reiten Vom ersten Schritt zum Reiterglück. (5033) Von Herta F. Kraupa-Tuskany, 64 S., 34 Farbfotos, 2 Zeichnungen, Pappband. — DM/Fr 12.80 / S 98,–

Reiten Dressur · Springen · Gelände. (0415) Von Ute Richter, 168 S., 235 Abbildungen, kartoniert. — DM/Fr 12,80 / S 98,–

Voltigieren Pflicht – Kür – Wettkampf. (0455) Von Josephine Bach, 120 S., 4 Farbtafeln, 88 s/w-Fotos, kartoniert. — DM/Fr 12.80 / S 98,–

Fechten Florett – Degen – Säbel. (0449) Von Emil Beck, 88 S., 219 Fotos und Zeichnungen, kartoniert. — DM/Fr 11.80 / S 94,–

Hockey Technische und taktische Grundlagen. (0398) Von Horst Wein, 152 S., mit vielen Zeichnungen und Fotos, kartoniert. — DM/Fr 16.80 / S 134,–

Fibel für Kegelfreunde Sport- und Freizeitkegeln · Bowling. (0191) Von G. Bocsai, 72 S., mit über 60 Abbildungen, kartoniert. — DM/Fr 5.80 / S 49,–

Beliebte und neue Kegelspiele (0271) Von Georg Bocsai, 92 S., 62 Abbildungen, kartoniert. — DM/Fr 4.80 / S 39,–

Pool-Billard (0484) Herausgegeben vom Deutschen Pool-Billard-Bund, von Manfred Bach, Karl-Werner Kühn, 88 S., mit über 80 Abbildungen, kartoniert. — DM/Fr 7.80 / S 65,–

Die Erben Lilienthals **Sportfliegen heute** (4054) Von Günter Brinkmann, 240 S., 32 Farbtafeln, 176 s/w-Fotos, 33 Zeichnungen, gebunden. — DM/Fr 39,– / S 312,–

Sportschießen für jedermann. (0502) Von Anton Kovacic, 124 S. 116 s/w-Fotos, kartoniert. — DM/Fr 14.80 / S 118,–

Isometrisches Training Übungen für Muskelkraft und Entspannung. (0529) Von Lothar M. Kirsch, 140 S., 164 s/w-Fotos, kartoniert. — DM/Fr 9.80 / S 78,–

Radsport Radtouristik und Rennen, Technik, Typen. (0550) Von Karl Ziegler und Rolf Lehmann, 120 S., 55 Abbildungen, kartoniert. — DM/Fr 9.80 / S 78,–

Spaß am Laufen Jogging für die Gesundheit. (0470) Von Werner Sonntag, 140 S., 41 s/w-Fotos, 1 Zeichnung, kartoniert. — DM/Fr 9.80 / S 78,–

Falken-Handbuch **Schach** Das Handbuch für Anfänger und Könner. (4051) Von Theo Schuster, 360 S., über 340 Diagramme, gebunden. — DM/Fr 29,80 / S 238,–

Einführung in das Schachspiel (0104) Von W. Wollenschläger und K. Colditz, 92 S., 65 Diagramme, kartoniert. — DM/Fr 5.80 / S 49,–

Spielend Schach lernen (2002) Von Theo Schuster, 128 S., kartoniert. — DM/Fr 6.80 / S 55,–

Schach für Fortgeschrittene Taktik und Probleme des Schachspiels. (0219) Von Rudolf Teschner, 96 S., 85 Schachdiagramme, kartoniert. — DM/Fr 5.80 / S 49,–

Schach-WM '81 Karpow – Kortschnoi. Mit ausführlichem Kommentar zu allen Partien. (0583) Von Großmeister H. Pfleger, O. Borik, 179 S., zahlreiche Diagramme und Fotos, kartoniert. — DM/Fr 16.80 / S 134,–

Neue Schacheröffnungen (0478) Von Theo Schuster, 108 S., 100 Diagramme, kartoniert. — DM/Fr 8.80, S 70,–

Kinder- und Jugendschach Offizielles Lehrbuch zur Erringung der Bauern-, Turm- und Königsdiplome des Deutschen Schachbundes. (0561) Von B.J. Withuis und Dr. H. Pfleger, 144 S., 11 s/w-Fotos, 223 Abbildungen, kartoniert. — DM/Fr 12.80, S 98,–

Zug um Zug Schach für jedermann 1 Offizielles Lehrbuch des Deutschen Schachbundes zur Erringung des Bauerndiploms (0648) Von Helmut Pfleger, Eugen Kurz, ca. 80 S., über 60 Diagramme, kartoniert. Voraussichtl. Erscheinungstermin: Januar '83. — DM/Fr 6.80, S 55,–

Lehr-, Übungs- und Testbuch der Schachkombinationen (0649) Von Karl Colditz, ca. 144 S., über 200 Diagramme, kartoniert. Voraussichtl. Erscheinungstermin: März '83. — ca.* DM/Fr 12,80, S 98,–

Schach dem Weltmeister Karpow (0433) Von Theo Schuster, 164 S., 19 Abbildungen, 83 Diagramme, kartoniert. — DM/Fr 12.80, S 98,–

Schach TV-Worldcup '82 Turnier der Schachgroßmeister (4133) Von Helmut Pfleger und Eugen Kurz, 208 S., 41 s/w-Fotos, 3 Zeichnungen, gebunden. — DM/Fr 26,80, S 218,–

Schachstrategie Ein Intensivkurs mit Übungen und ausführlichen Lösungen. (0584) Von Alexander Koblenz, dt. Bearb. von Karl Colditz, 212 S., 240 Diagramme, kartoniert. — DM/Fr 16,80, S 134,–

Die besten Partien der deutschen Schachgroßmeister (4121) Von Helmut Pfleger, ca. 160 S., ca. 20 Fotos, ca. 90 Diagramme, Pappband. Voraussichtl. Erscheinungstermin: März '83. — ca. DM/Fr 28,–, S 220,–

Bodybuilding Anleitung zum Muskel- und Konditionstraining für sie und ihn. (0604) Von Reinhard Smolana, 160 S., 172 Fotos, kartoniert. — DM/Fr 9,80, S 78,–

Bodybuilding für Frauen Wege zu Ihrer Idealfigur (0661) Von Hans Schulz, ca. 128 S., ca. 60 Fotos, großes vierfarbiges Übungsposter, kartoniert. Voraussichtl. Erscheinungstermin: April '83. — ca.* DM/Fr 14.80, S 118,–

Walking Fit, schlank und gesund durch Sportgehen. (0602) Von Gary D. Yanker, 104 S., 47 s/w-Fotos, kartoniert. — DM/Fr 12.80, S 98,–

Leistungsfähiger durch Krafttraining Eine Anleitung für Fitness-Sportler, Trainer und Athleten (0617) Von W. Kieser, 100 S., 20 s/w-Fotos, 62 Zeichnungen, kartoniert. — DM/Fr 9.80, S 78,–

Budo

Judo Grundlagen des Stand- und Bodenkampfes. (4013) Von Wolfgang Hofmann, 244 S., 589 Fotos, gebunden. — DM/Fr 29.80, S 238,–

Neue Lehrmethoden der Judo-Praxis (0424) Von Pierre Herrmann, 223 S., 475 Abbildungen, kartoniert. — DM/Fr 16,80, S 134,–

Judo Grundlagen – Methodik. (0305) Von Mahito Ohgo, 208 S., 1025 Fotos, kartoniert. — DM/Fr 14,80, S 118,–

Wir machen Judo (5069) Von Riccardo Bonfranchi und Ulrich Klocke, 92 S., mit Bewegungsabläufen in cartoonartigen zweifarbigen Zeichnungen, kartoniert. — DM/Fr 12,80, S 98,–

Fußwürfe für Judo, Karate und Selbstverteidigung. (0439) Von Hayward Nishioka, übersetzt von Hans-Jürgen Hesse, 96 S., 260 Abbildungen, kartoniert. — DM/Fr 9,80, S 78,–

Das Karate-Buch-Ereignis seit Jahren! Alles Wissen über KARATE – diese hohe Kunst der Selbstverteidigung – erscheint in einer 8bändigen Buchserie.

Nakayamas Karate perfekt 1 Einführung. (0487) Von Masatoshi Nakayama, 136 S., 605 s/w-Fotos, kartoniert. — DM/Fr 19.80, S 158,–

Nakayamas Karate perfekt 2 Grundtechniken. (0512) Von Masatoshi Nakayama, 136 S., 354 s/w-Fotos, 53 Zeichnungen, kartoniert. — DM/Fr 19.80, S 158,–

Nakayamas Karate perfekt 3 Kumite 1: Kampfübungen. (0538) Von Masatoshi Nakayama, 128 S., 424 s/w-Fotos, kartoniert. — DM/Fr 19.80, S 158,–

Nakayamas Karate perfekt 4 Kumite 2: Kampfübungen. (0547) Von Masatoshi Nakayama, 128 S., 394 s/w-Fotos, kartoniert. — DM/Fr 19.80, S 158,–

Nakayamas Karate perfekt 5 Kata 1: Heian, Tekki. (0571) Von Masatoshi Nakayama, 144 S., 1229 s/w-Fotos, kartoniert. — DM/Fr 19.80, S 158,–

Nakayamas Karate perfekt 6 Kata 2: Bassai-Dai, Kanku-Dai. (0600) Von Masotoshi Nakayama, Übers. Hans-Jürgen Hesse, 144 S., ca. 1300 Fotos, kartoniert. — DM/Fr 19.80, S 158,–

Nakayamas Karate perfekt 7 Kata 3: Jitte, Hangetsu, Empi (0618) Von M. Nakayama, 144 S., 1988 s/w-Fotos, 105 Zeichnungen, kartoniert. — DM/Fr 19,80, S 158,–

Nakayamas Karate perfekt 8 Gankaku, Jion (0650) 144 S., ca. 1200 Fotos, kartoniert. Voraussichtl. Erscheinungstermin: Februar '83. — DM/Fr 19,80, S 158,–

Karate für Frauen und Mädchen Sport und Selbstverteidigung. (0425) Von Albrecht Pflüger, 168 S., 259 s/w-Fotos, kartoniert. — DM/Fr 9.80, S 78,–

Karate I Einführung · Grundtechniken (0227) Von Albrecht Pflüger, 148 S., 195 s/w-Fotos und Zeichnungen, kartoniert. — DM/Fr 9.80, S 78,–

Karate II Kombinationstechniken · Katas. (0239) Von Albrecht Pflüger, 176 S., 452 s/w-Fotos und Zeichnungen, kartoniert. — DM/Fr 9.80, S 78,–

Karate-Do Das Handbuch des modernen Karate. (4028) Von Albrecht Pflüger, 360 S., 1159 Abbildungen, gebunden. — DM/Fr 29.80, S 238,–

Karate für alle Karate-Selbstverteidigung in Bildern. (0314) Von Albrecht Pflüger, 112 S., 356 s/w-Fotos, kartoniert. — DM/Fr 8.80, S 70,–

Kontakt-Karate Ausrüstung · Technik · Training. (0396) Von Albrecht Pflüger, 112 S., 238 s/w-Fotos, kartoniert. — DM/Fr 14.80, S 118,–

Bo-Karate Kukishin-Ryu – die Techniken des Stockkampfes. (0447) Von Georg Stiebler, 176 S., 424 s/w-Fotos, 38 Zeichnungen, kartoniert. — DM/Fr 16,80, S 134,–

Der König des Kung-Fu **Bruce Lee** Sein Leben und Kampf. (0392) Von seiner Frau Linda. Deutsch von W. Nottrodt, 136 S., 104 s/w-Fotos, mit großem Bruce-Lee-Poster, kartoniert. — DM/Fr 19.80, S 158,–

Bruce Lees Jeet Kune Do (0440) Von Bruce Lee übersetzt von Hans-Jürgen Hesse, 192 S., mit 105 eigenhändigen Zeichnungen von Bruce Lee, kartoniert. — DM/Fr 19.80, S 158,–

– Preisänderungen vorbehalten –

Bruce Lees Kampfstil 1 Grundtechniken. (0473) Von Bruce Lee und M. Uyehara, 109 S., 220 Abbildungen, kartoniert.
DM/Fr 9,80
S 78,–

Bruce Lees Kampfstil 2 Selbstverteidigungstechniken. (0486) Von Bruce Lee und M. Uyehara, 128 S., 310 Abbildungen, kartoniert.
DM/Fr 9,80
S 78,–

Bruce Lees Kampfstil 3 Trainingslehre. (0503) Von Bruce Lee und M. Uyehara, 112 S., 246 Abbildungen, kartoniert.
DM/Fr 9,80
S 78,–

Bruce Lees Kampfstil 4 Kampftechniken. (0523) Von Bruce Lee und M. Uyehara, 104 S., 211 Abbildungen, kartoniert.
DM/Fr 9,80
S 78,–

Kung-Fu und Tai-Chi Grundlagen und Bewegungsabläufe. (0367) Von Bruce Tegner, 182 S., 370 s/w-Fotos, kartoniert.
DM/Fr 14.80
S 118,–

Kung-Fu II Theorie und Praxis klassischer und moderner Stile. (0376) Von Manfred Pabst, 160 S., 330 Abbildungen, kartoniert.
DM/Fr 12.80
S 98,–

Shaolin-Kempo – Kung-Fu Chinesisches Karate im Drachenstil. (0395) Von Ronald Czerni und Klaus Konrad, 236 S., 723 Abbildungen, kartoniert.
DM/Fr 19.80
S 158,–

Ju-Jutsu Grundtechniken – Moderne Selbstverteidigung. (0276) Von Werner Heim und Franz J. Gresch, 160 S., 460 s/w-Fotos, kartoniert.
DM/Fr 9,80
S 78,–

Ju-Jutsu 2 für Fortgeschrittene und Meister. (0378) Von Werner Heim und Franz J. Gresch, 164 S., 798 s/w-Fotos, kartoniert.
DM/Fr 19.80
S 158,–

Ju-Jutsu 3 Spezial-, Gegen- und Weiterführungstechniken. (0485) Von Werner Heim und Franz J. Gresch, 214 S., über 600 s/w-Fotos, kartoniert.
DM/Fr 19.80
S 158,–

Nunchaku Waffe · Sport · Selbstverteidigung. (0373) Von Albrecht Pflüger, 144 S., 247 Abbildungen, kartoniert.
DM/Fr 16,80
S 134,–

Shuriken · Tonfa · Sai Stockfechten und andere bewaffnete Kampfsportarten aus Fernost. (0397) Von Andreas Schulz, 96 S., 253 s/w-Fotos, kartoniert.
DM/Fr 12,80
S 98,–

Illustriertes Handbuch des Taekwon-Do Koreanische Kampfkunst und Selbstverteidigung. (4053) Von Konstantin Gil, 248 S., 1026 Abbildungen, gebunden.
DM/Fr 29.80
S 238,–

Taekwon-Do Koreanischer Kampfsport. (0347) Von Konstantin Gil, 152 S., 408 Abbildungen, kartoniert.
DM/Fr 12.80
S 98,–

Aikido Lehren und Techniken des harmonischen Weges. (0537) Von Rolf Brand, 280 S., 697 Abbildungen, kartoniert.
DM/Fr 19,80
S 158,–

Hap Ki Do Grundlagen und Techniken koreanischer Selbstverteidigung. (0379) Von Kim Sou Bong, 112 S., 153 Abbildungen, kartoniert.
DM/Fr 14,80
S 118,–

Dynamische Tritte Grundlagen für den Zweikampf. (0438) Von Chong Lee, übersetzt von Manfred Pabst, 96 S., 398 s/w-Fotos, 10 Zeichnungen, kartoniert.
DM/Fr 9,80
S 78,–

Wissen und Technik

Antiquitäten-(Ver)führer Stilkunde – Wert – Echtheitsbestimmung. (5057) Von Margot Lutze, 128 S., 191 Farbfotos, Pappband.
DM/Fr 19,80
S 158,–

Heiße Öfen Motorräder · Motorsport. (5008) Von Horst Briel, 64 S., 63 Farbfotos, Pappband.
DM/Fr 12,80
S 98,–

Dampflokomotiven (4204) Von Werner Jopp, 96 S., 134 großformatige Farbfotos, Pappband.
DM/Fr 24.80
S 198,–

Der Sklave Calvisius Alltag in einer römischen Provinz 150 n. Chr. (4058) Von Alice Ammermann, Tilmann Röhrig, Gerhard Schmidt, 120 S., 99 Farbfotos und farbige Zeichnungen, 47 s/w-Fotos und Zeichnungen, Pappband.
DM/Fr 19.80
S 158,–

ZDF · ORF · DRS **KOMPASS Jugend-Lexikon** (4096) Von Richard Kerler, Jochen Blum, unter Mitarbeit von Ursula Kopp, 336 S., 766 Farbfotos, 39 s/w-Fotos und Zeichnungen, Pappband.
DM/Fr 29,80
S 238,–

Freizeit mit dem Mikroskop (0291) Von Martin Deckart, 132 S., 69 s/w-Fotos, 4 Zeichnungen, kartoniert.
DM/Fr 9,80
S 78,–

Keine Angst vorm Fliegen (0463) Von Rudolf Braunburg und R.J. Pieritz, 159 S., 15 Farbtafeln, 68 s/w-Fotos, kartoniert.
DM/Fr 12,80
S 98,–

Die tollsten Motorflugzeuge aller Zeiten (4208) Von Richard J. Höhn und Hans G. Isenberg, 96 S., 86 großformatige Farbfotos, Pappband.
DM/Fr 24,80
S 198,–

Zivilflugzeuge Vom Kleinflugzeug zum Überschall-Jet. (4218) Von Richard J. Höhn und Hans G. Isenberg, 96 S., 115 großformatige Farbfotos, Pappband.
DM/Fr 24,80
S 198,–

Die schnellsten Autos der Welt (4201) Von Hans G. Isenberg, und Dirk Maxeiner, 96 S., 110 meist vierfarbige Abbildungen, Pappband.
DM/Fr 24,80
S 198,–

CB-Code Wörterbuch und Technik. (0435) Von Richard Kerler, 120 S., mit technischen Abbildungen, kartoniert.
DM/Fr 7.80
S 65,–

Die rasantesten Rallyes der Welt (4213) Von Hans G. Isenberg und Dirk Maxeiner, 96 S., 116 großformatige Farbfotos, Pappband.
DM/Fr 24.80
S 198,–

Auto-Rallyes für jedermann Planen – ausrichten – mitfahren. (0457) Von Rüdiger Hagelberg, 104 S., kartoniert.
DM/Fr 9.80
S 78,–

Raketen auf Rädern Autos und Motorräder an der Schallgrenze. (4220) Von Hans G. Isenberg, 96 S., 112 großformatige Farbfotos, 21 s/w-Fotos, Pappband.
DM/Fr 24.80
S 198,–

Motorrad-Hits Chopper, Tribikes, Heiße Öfen (4221) Von Hans Georg Isenberg, 96 S., 119 Farbfotos, Pappband.
DM/Fr 24.80
S 198,–

Die schnellsten Motorräder der Welt (4206) Von Hans G. Isenberg und Dirk Maxeiner, 96 S., 100 großformatige Farbfotos, Pappband.
DM/Fr 24.80
S 198,–

Energie aus Sonne, Wasser, Wind und Eis Alles über Wärmedämmung, Wärmepumpen, Sonnendächer und andere Systeme. (0552) Von Volker Petzold, 216 S., 124 Abbildungen, kartoniert.
DM/Fr 16.80
S 134,–

Pflanzen, Garten, Tiere

Faszination Berg zwischen Alpen und Himalaya. (4214) Von Toni Hiebeler, 96 S., 100 großformatige Farbfotos, Pappband.
DM/Fr 24.80
S 198,–

Die bunte Welt der Wiesenblumen (4217) Von Friedrich Jantzen, 96 S., 121 großformatige Farbfotos, Pappband.
DM/Fr 24.80
S 198,–

Gefährdete und geschützte Pflanzen erkennen und benennen. (0596) Von Wieland Schnedler und Karl Wolfstetter, 160 S., 140 Farbfotos, 4 Zeichnungen, kartoniert.
DM/Fr 19.80
S 158,–

Großes Kräuter- und Gewürzbuch (4026) Von Heinz Görz, 584 S., 40 Farbtafeln, 152 Abbildungen, gebunden.
DM/Fr 39,–
S 312,–

Leben im Naturgarten So wird man erfolgreicher Bio-Gärtner. (4124) Von Norbert Jorek, 136 S., 68 s/w-Fotos, kartoniert.
DM/Fr 12.80
S 98,–

Arzneikräuter und Wildgemüse erkennen und benennen. (0459) Von Jörg Raithelhuber, 144 S., 108 Farbfotos, kartoniert.
DM/Fr 14.80
S 118,–

Die farbige Kräuterfibel (0245) Von Ingrid Gabriel, 196 S., 49 farbige und 97 s/w-Abbildungen, Pappband.
DM/Fr 14.80
S 118,–

Bäume und Sträucher erkennen und benennen. (0509) Von Jörg Raithelhuber, 116 S., 108 Farbfotos, kartoniert.
DM/Fr 16.80
S 134,–

Beeren und Waldfrüchte erkennen und benennen, eßbar oder giftig? (0401) Von Jörg Raithelhuber, 120 S., 94 Farbfotos, kartoniert.
DM/Fr 16.80
S 134,–

Falken-Handbuch **Pilze** Mit über 250 Farbfotos und Rezepten. (4061) Von Martin Knoop, 276 S., 250 Farbfotos, 28 Zeichnungen, gebunden.
DM/Fr 36,–
S 288,–

Pilze erkennen und benennen. (0380) Von Jörg Raithelhuber, 136 S., 110 Farbfotos, kartoniert.
DM/Fr 14.80
S 118,–

Falken-Handbuch **Der Garten** Das moderne illustrierte Standardwerk. (4044) Von Gerhard Bambach, unter Mitarbeit von Ulrich Kaiser, Wolfgang Velte und Joachim Zech, 808 S., 40 Farbtafeln, 77 Farbfotos, 787 s/w-Fotos, 147 Zeichnungen, gebunden.
DM/Fr 49,–
S 392,–

Das Gartenjahr Arbeitsplan für draußen und drinnen. (4075) Von Gerhard Bambach, 152 S., 16 Farbtafeln, viele Abbildungen, kartoniert.
DM/Fr 12.80
S 98,–

Gärtnern (5004) Von Inge Manz, 64 S., 38 Farbfotos, Pappband.
DM/Fr 12.80
S 98,–

Steingärten Anlage – Pflanzen – Pflege. (5092) Von Martin Haberer, 64 S., 90 Farbfotos, Pappband.
DM/Fr 12.80
S 98,–

Gartenteiche und Wasserspiele planen, anlegen und pflegen. (4083) Von Horst R. Sikora, 160 S., 16 Farbtafeln, über 100 Skizzen und Abbildungen, Pappband.
DM/Fr 29.80
S 238,–

Ziersträucher und -bäume im Garten (5071) Von Inge Manz, 64 S., 91 Farbfotos, Pappband.
DM/Fr 12.80
S 98,–

Unkraut im Garten erkennen und erfolgreich bekämpfen. (0637) Von Friedrich und Heidrun Jantzen, 144 S., 190 Farbfotos, kartoniert. Voraussichtl. Erscheinungstermin: März '83.
ca.*
DM/Fr 16,80
S 134,–

Blumenpracht im Garten (5014) Von Inge Manz, 64 S., 93 Farbfotos, Pappband.
DM/Fr 12.80
S 98,–

Rosen Arten – Pflanzung – Pflege. (5065) Von Inge Manz, 64 S., 60 Farbfotos, Pappband.
DM/Fr 12.80
S 98,–

Frühbeet und Kleingewächshaus (5055) Von Gustav Schoser, 64 S., 43 Farbfotos, Pappband.
DM/Fr 12.80
S 98,–

Gemüse und Kräuter frisch und gesund aus eigenem Anbau. (5024) Von Mechthild Hahn, 64 S., 71 Farbfotos, Pappband.
DM/Fr 12.80
S 98,–

Mischkultur im Nutzgarten Mit Jahreskalender und Anbauplänen (0651) Von Helmut Oppel, ca. 128 S., 8 Farbtafeln, ca. 70 Zeichnungen und Fotos, kartoniert.
Voraussichtlicher Erscheinungstermin: Februar '83
ca.*
DM/Fr 9,80
S 78,–

Der richtige Schnitt von Obst- und Ziergehölzen, Rosen und Hecken (0619) Von E. Zettl, 88 S., 8 Farbtafeln, 39 Zeichnungen, 21 s/w-Fotos, kartoniert.
DM/Fr 7,80
S 65,–

Der Obstgarten Pflanzung · Pflege · Baumschnitt · Neuheiten. (5100) Von Joachim Zech, 64 S., 54 Farbfotos, Pappband.
DM/Fr 12.80
S 98,–

Balkons in Blütenpracht zu allen Jahreszeiten. (5047) Von Nikolaus Uhl, 64 S., 82 Farbfotos, Pappband.
DM/Fr 12.80
S 98,–

Grabgestaltung Bepflanzung und Pflege zu jeder Jahreszeit. (5120) Von Nikolaus Uhl, 64 S., 77 Farbfotos, 2 Zeichnungen, Pappband.
DM/Fr 14.80
S 118,–

Bonsai Japanische Miniaturbäume und Miniaturlandschaften. Anzucht, Gestaltung und Pflege. (4091) Von Benedikt Lesniewicz, 160 S., 106 Farbfotos, 46 s/w-Fotos, 115 Zeichnungen, gebunden.
DM/Fr 58,–
S 460,–

Falken-Handbuch **Zimmerpflanzen** 1600 Pflanzenporträts. (4082) Von Rolf Blaich, 432 S., 480 Farbfotos, 84 Zeichnungen, 1600 Pflanzenbeschreibungen, gebunden.
DM/Fr 39,–
S 312,–

Zimmerpflanzen in Farbe. (5010) Von Inge Manz, 64 S., 98 Farbfotos, Pappband.
DM/Fr 12.80
S 98,–

Zimmerbäume, Palmen und andere Blattpflanzen (5111) Von Gustav Schoser, 96 S., 98 Farbfotos, 7 Zeichnungen, Pappband.
DM/Fr 16.80
S 134,–

Zimmerpflanzen in Hydrokultur Leitfaden für problemlose Blumenpflege (0660) Von Hans-August Rotter, 32 S., ca. 30 Farbfotos, kartoniert, Spiralbindung. Voraussichtl. Erscheinungstermin: März '83.
ca.*
DM/Fr 6,80
S 55,–

Das Blumenjahr Arbeitsplan für drinnen und draußen (4142) Von Gabriele Vocke, 136 S., 15 Farbtafeln, kartoniert.
Voraussichtlicher Erscheinungstermin: März '83
ca.*
DM/Fr 12,80
S 98,–

Hydrokultur Pflanzen ohne Erde – mühelos gepflegt. (4080) Von Hans-August Rotter, 120 S., 67 farbige und s/w-Abbildungen sowie Zeichnungen, gebunden.
DM/Fr 19.80
S 158,–

Blütenpracht in Grolit 2000 Der neue, mühelose Weg zu farbenprächtigen Zimmerpflanzen. (5127) Von Gabriele Vocke, 64 S., 50 Farbfotos, Pappband.
DM/Fr 12.80
S 98,–

Faszinierende Formen und Farben **Kakteen** (4211) Von Katharina und Franz Schild, 96 S., 127 großformatige Farbfotos, Pappband.
DM/Fr 24.80
S 198,–

Biologisch zimmergärtnern Zier- und Nutzpflanzen natürlich pflegen. (4144) Von Norbert Jorek, ca. 136 S., 15 Farbtafeln, zahlreiche Fotos. Pappband. Voraussichtl. Erscheinungstermin: April '83.
ca.*
DM/Fr 19,80
S 158,–

– Preisänderungen vorbehalten –

Kakteen Herkunft, Anzucht, Pflege, Klimabedingungen. (5021) Von Werner Hoffmann, 64 S., 70 Farbfotos, Pappband. — **DM**/Fr **12,80** S 98,–

Fibel für Kakteenfreunde (0199) Von H. Herold, 102 S., 8 Farbtafeln, kartoniert. — **DM**/Fr **7,80** S 65,–

Kakteen und andere Sukkulenten 300 Arten mit über 500 Farbfotos (4116) Von Günter Andersohn, 316 S., 520 Farbtafeln, 193 Zeichnungen, gebunden, mit vierfarbigem Schutzumschlag. — **DM**/Fr **46,–** S 368,–

Sukkulenten Mittagsblumen, Lebende Steine, Wolfsmilchgewächse u.a. (5070) Von Werner Hoffmann, 64 S., 82 Farbfotos, Pappband. — **DM**/Fr **12,80** S 98,–

Kübelpflanzen für Balkon, Terrasse und Dachgarten (5132) Von Martin Haberer, 64 S., ca. 60 Farbfotos, Pappband. Voraussichtl. Erscheinungstermin: April '83. — ca.* **DM**/Fr **12,80** S 98,–

Keime, Sprossen, Küchenkräuter, am Fenster ziehen – rund ums Jahr (0658) Von Friedrich und Heidrun Jantzen, 32 S., ca. 30 Fotos, kartoniert, Spiralbindung. Voraussichtl. Erscheinungstermin: März '83. — ca.* **DM**/Fr **6,80** S 55,–

Orchideen (4215) Von Gustav Schoser, 96 S., 143 großformatige Farbfotos, Pappband. — **DM**/Fr **24,80** S 198,–

Orchideen Eigenart – Schnittblumen – Topfkultur – Pflege. (5038) Von Gustav Schoser, 64 S., 75 Farbfotos, Pappband. — **DM**/Fr **14,80** S 118,–

Sag's mit Blumen Pflege und Arrangieren von Schnittblumen. (5103) Von Peter Möhring ca. 64 S., ca. 70 Farbfotos, Pappband. Voraussichtl. Erscheinungstermin: 1. Halbjahr '83 — ca.* **DM**/Fr **12,80** S 98,–

Ikebana Einführung in die japanische Kunst des Blumensteckens. (0548) Von Gabriele Vocke, 152 S., 47 Farbfotos, kartoniert. — **DM**/Fr **19,80** S 158,–

Blumengestecke im Ikebanastil (5041) Von Gabriele Vocke, 64 S., 37 Farbfotos, viele Zeichnungen, kartoniert. — **DM**/Fr **14,80** S 118,–

Dauergestecke mit Zweigen, Trocken- und Schnittblumen. (5121) Von Gabriele Vocke, 64 S., 57 Farbfotos, Pappband. — **DM**/Fr **14,80** S 118,–

Falken-Handbuch **Hunde** (4118) Von Horst Bielfeld, 176 S., 222 Farbfotos und Farbzeichnungen, 73 s/w-Abbildungen, gebunden. — **DM**/Fr **39,–** S 312,–

Hunde Rassen · Erziehung · Haltung. (4209) Von Horst Bielfeld, 96 S., 101 großformatige Farbfotos, Pappband. — **DM**/Fr **24.80** S 198,–

Das neue Hundebuch Rassen · Aufzucht · Pflege. (0009) Von W. Busack, überarbeitet von Dr. med. vet. A.H. Hacker, 104 S., viele Abbildungen, kartoniert. — **DM**/Fr **8.80** S 70,–

Falken-Handbuch **Der Deutsche Schäferhund** (4077) Von Ursula Förster, 228 S., 160 farbige und s/w-Abbildungen sowie Zeichnungen, gebunden. — **DM**/Fr **29.80** S 238,–

Der Deutsche Schäferhund (0073) Von Alfred Hacker, 104 S., 24 Abbildungen, kartoniert. — **DM**/Fr **7.80** S 65,–

Dackel, Teckel, Dachshund Aufzucht · Pflege · Ausbildung. (0508) Von Marianne Wein-Gysae, 112 S., 4 Farbtafeln, 43 s/w-Fotos, 2 Zeichnungen, kartoniert. — **DM**/Fr **9.80** S 78,–

Hunde-Ausbildung Verhalten – Gehorsam – Abrichtung. (0346) Von Prof. Dr. R. Menzel, 96 S., 18 Fotos, kartoniert. — **DM**/Fr **7.80** S 65,–

Hundekrankheiten Erkennung und Behandlung · Steuerung des Sexualverhaltens. (0570) Von Dr. med. vet. Rolf Spangenberg, 128 S., 68 s/w-Fotos, 10 Zeichnungen, kartoniert. — **DM**/Fr **9.80** S 78,–

Papageien und Sittiche Arten · Pflege · Sprechunterricht. (0591) Von Horst Bielfeld, 112 S., 8 Farbtafeln, kartoniert. — **DM**/Fr **9.80** S 78,–

Vögel Die wichtigsten Arten Mitteleuropas. Erkennen und benennen. (0554) Von Joachim Zech, 152 S., 135 Farbfotos, 4 s/w-Fotos, 5 Zeichnungen, kartoniert. — **DM**/Fr **16.80** S 134,–

Schmetterlinge Tagfalter Mitteleuropas erkennen und benennen. (0510) Von Thomas Ruckstuhl, 156 S., 136 Farbfotos, kartoniert. — **DM**/Fr **16.80** S 134,–

Insekten Mitteleuropas erkennen und benennen. (0588) Von Helmut Bechtel, 144 S., 129 Farbfotos, 18 Zeichnungen, kartoniert. — **DM**/Fr **16.80** S 134,–

Ponys Rassen, Haltung, Reiten. (4205) Von Stefan Braun, 96 S., 84 großformatige Farbfotos, Pappband. — **DM**/Fr **24.80** S 198,–

Dinosaurier und andere Tiere der Urzeit. (4219) Von Gerolf Alschner, 96 S., 81 großformatige Farbzeichnungen, 4 s/w-Fotos, Pappband. — **DM**/Fr **24.80** S 198,–

Süßwasser-Aquaristik Exotische Welt im Glas. (5080) Von Lothar Scheller, 64 S., 67 Farbfotos und Zeichnungen, Pappband. — **DM**/Fr **14.80** S 118,–

Das Süßwasser-Aquarium Einrichtung – Pflege – Fische – Pflanzen (0153) Von H.J. Mayland, 132 S., 163 Zeichnungen, 8 Farbtafeln, kartoniert. — **DM**/Fr **8.80** S 70,–

Aquarienfische des tropischen Süßwassers. (5003) Von Hans J. Mayland, 64 S., 98 Farbfotos, Pappband. — **DM**/Fr **12.80** S 98,–

Das Meerwasser-Aquarium Einrichtung – Pflege – Fische und niedere Tiere. (0281) Von Hans J. Mayland, 146 S., 30 farbige und 228 s/w-Abbildungen, kartoniert. — **DM**/Fr **14.80** S 118,–

Falken-Handbuch **Das Terrarium** (4069) Von Burkhard Kahl, Paul Gaupp, Dr. Günter Schmidt, 336 S., 215 Farbfotos, gebunden. — **DM**/Fr **48,–** S 384,–

Katzen Rassen · Haltung · Pflege. (4216) Von Brigitte Eilert-Overbeck, 96 S., 82 großformatige Farbfotos, Pappband. — **DM**/Fr **24.80** S 198,–

Das neue Katzenbuch Rassen – Aufzucht – Pflege. (0427) Von Brigitte Eilert-Overbeck, 136 S., 14 Farbfotos, 26 s/w-Fotos, kartoniert. — **DM**/Fr **8.80** S 70,–

Katzenkrankheiten Erkennung und Behandlung (0652) Von Dr. med. vet. Rolf Spangenberg, ca. 176 S., ca. 60 Fotos, kartoniert. Voraussichtl. Erscheinungstermin: Februar '83. — ca.* **DM**/Fr **12,80** S 98,–

Das Aquarium Einrichtung, Pflege und Fische für Süß- und Meerwasser. (4029) Von Hans J. Mayland, 334 S., über 415 Farbfotos und Farbtafeln, 150 Zeichnungen, gebunden. — **DM**/Fr **39,–** S 312,–

Süßwasser-Aquarienfische (4212) Von Burkhard Kahl, 96 S., 108 großformatige Farbfotos, Pappband. — **DM**/Fr **24.80** S 198,–

Essen und Trinken

Kochen, was allen schmeckt 1700 Koch- und Backrezepte für jede Gelegenheit. (4098) Von Anneliese und Gerhard Eckert, 796 S., 60 Farbtafeln, Pappband. — **DM**/Fr **19.80** S 158,–

Omas Küche und unsere Küche heute (4089) Von J. Peter Lemcke, 160 S., 8 Farbtafeln, 95 Zeichnungen, Pappband. — **DM**/Fr **24.80** S 198,–

Was koche ich heute? Neue Rezepte für Fix-Gerichte. (0608) Von Annette Badelt-Vogt, 112 S., 16 Farbtafeln, kartoniert. — **DM**/Fr **9.80** S 78,–

Schnelle Küche (4095) Von Anneliese und Gerhard Eckert, 136 S., 15 Farbtafeln, 61 Zeichnungen, kartoniert. — **DM**/Fr **12.80** S 98,–

Kochen für 1 Person Rationell wirtschaften, abwechslungsreich und schmackhaft zubereiten. (0586) Von M. Nicolin, 144 S., 8 Farbtafeln, 20 Zeichnungen, kartoniert. — **DM**/Fr **9.80** S 78,–

Die besten Eintöpfe und Aufläufe (5079) Von Anneliese und Gerhard Eckert, 64 S., 49 Farbfotos, Pappband. — **DM**/Fr **12.80** S 98,–

Kalte und warme Vorspeisen einfach · herzhaft · raffiniert. (5045) Von Karin Iden, 64 S., 43 Farbfotos, Pappband. — **DM**/Fr **12.80** S 98,–

Süße Nachspeisen (0601) Von Petra Lohmann, 96 S., 8 Farbtafeln, 28 Zeichnungen, kartoniert. — **DM**/Fr **8,80** S 70,–

Nudelgerichte – lecker, locker, leicht zu kochen. (0466) Von Christiane Stephan, 80 S., 8 Farbtafeln, kartoniert. — **DM**/Fr **6.80** S 55,–

Weltmeister-Soßen Die Krönung der feinen Küche. (0357) Von Giovanni Cavestri, 100 S., 14 Farbtafeln, kartoniert. — **DM**/Fr **9.80** S 78,–

Desserts (5020) Von Margrit Gutta, 64 S., 38 Farbfotos, Pappband. — **DM**/Fr **12.80** S 98,–

Gesund kochen wasserarm · fettfrei · aromatisch. (4060) Von Margrit Gutta, 240 S., 16 Farbtafeln, Pappband. — **DM**/Fr **19.80** S 158,–

Alternativ essen Die gesunde Sojaküche. (0553) Von Uwe Kolster, 112 S., 8 Farbtafeln, kartoniert. — **DM**/Fr **9.80** S 78,–

Gesunde Kost aus dem Römertopf (0442) Von Jutta Kramer, 128 S., 8 Farbtafeln, 13 Zeichnungen, kartoniert. — **DM**/Fr **8.80** S 70,–

Ganz und gar mit Mikrowellen (4094) Von Tina Peters, 208 S., 24 Farbtafeln, 12 Zeichnungen, Pappband. — **DM**/Fr **29.80** S 238,–

Das neue Mikrowellen-Kochbuch (0434) Von Hermann Neu, 64 S., 4 Farbtafeln, kartoniert. — **DM**/Fr **5.80** S 49,–

Kochen und backen im Heißluftherd Vorteile, Gebrauchsanleitung, Rezepte. (0516) Von Katharina Kölner, 72 S., 8 Farbtafeln, kartoniert. — **DM**/Fr **7.80** S 65,–

Schnell gekocht – gut gekocht mit vielen Rezepten für Schnellkochtöpfe und Schnellbratpfannen. (0265) Von Irmgard Pérsy, 96 S., 8 Farbtafeln, kartoniert. — **DM**/Fr **7.80** S 65,–

Das neue Fritieren geruchlos, schmackhaft und gesund. (0365) Von Petra Kühne, 96 S., 8 Farbtafeln, kartoniert. — **DM**/Fr **7.80** S 65,–

Hobby-Kochbuch für Tiefkühlkost (0302) Von Ruth Vollmer-Ruprecht, 104 S., 8 Farbtafeln, kartoniert. — **DM**/Fr **8.80** S 70,–

Köstliche Suppen für jede Tages- und Jahreszeit. (5122) Von Elke Fuhrmann, 64 S., 38 Farbfotos, Pappband. — **DM**/Fr **12.80** S 98,–

Alles über Einkochen, Einlegen, Einfrieren Gesund und herzhaft. (4055) Von Birgit Müller, 152 S., 16 Farbtafeln, kartoniert. — **DM**/Fr **12.80** S 98,–

Einkochen nach allen Regeln der Kunst. (0405) Von Birgit Müller, 96 S., 8 Farbtafeln kartoniert. — **DM**/Fr **6.80** S 55,–

Natursammlers Kochbuch Wildfrüchte und -gemüse, Pilze, Kräuter – finden und zubereiten. (4040) Von Christa-Maria Kerler, 140 S., 12 Farbtafeln, gebunden. — **DM**/Fr **19.80** S 158,–

Kräuter- und Heilpflanzen-Kochbuch für eine gesunde Lebensweise. (4066) Von Pia Pervenche, 143 S., 15 Farbtafeln, kartoniert. — **DM**/Fr **12.80** S 98,–

Das neue große Kochbuch für Diabetiker (4132) Von Monika Toeller, Waltraud Schumacher, Anne Christiane Groote, ca. 240 S., ca. 100 Farbfotos, gebunden.
Voraussichtlicher Erscheinungstermin: März '83 — ca.* **DM**/Fr **19,80** S 158,–

Miekes Kräuter- und Gewürzkochbuch (0323) Von Irmgard Persy und Klaus Mieke, 96 S., 8 Farbtafeln, kartoniert. — **DM**/Fr **8.80** S 70,–

Wildgerichte einfach bis raffiniert. (5115) Von Margrit Gutta, 64 S., 43 Farbfotos, Pappband. — **DM**/Fr **12.80** S 98,–

Wild und Geflügel (4056) Von Christine Schönherr, 256 S., 122 großformatige Farbfotos, gebunden. — **DM**/Fr **48,–** S 384,–

Geflügel Die besten Rezepte aus aller Welt. (5050) Von Margrit Gutta, 64 S., 32 Farbfotos, Pappband. — **DM**/Fr **12.80** S 98,–

Köstlichkeiten vom Grill Mehr Freude und Erfolg beim Grillen (4141) Von Alfred Berliner, ca. 168 S., durchgehend vierfarbig, ca. 100 großformatige Farbfotos, Pappband.
Voraussichtl. Erscheinungstermin: April '83. — ca.* **DM**/Fr **19,80** S 158,–

Grillen – drinnen und draußen. (4047) Von Claus Arius, 152 S., 30 Farbtafeln, kartoniert. — **DM**/Fr **12.80** S 98,–

Grillen Fleisch · Fisch · Beilagen · Soßen. (5001) Von Elke Fuhrmann, 64 S., 38 Farbfotos, Pappband. — **DM**/Fr **12.80** S 98,–

Die neue Grillküche Garen und backen im Quarz-Grill. (0419) Von Marianne Bormio, 80 S., 8 Farbtafeln, kartoniert. — **DM**/Fr **7.80** S 65,–

Raffinierte Steaks und andere Fleischgerichte. (5043) Von Gerhard Eckert, 64 S., 37 Farbfotos, Pappband. — **DM**/Fr **12.80** S 98,–

Falken-Kombi-Kochbuch Die Kochidee mit neuem Dreh **Fleischgerichte** (4099) Von Alfred Berliner, 48 S., 69 Farbfotos, Spiralbindung, Pappband. — **DM**/Fr **19.80** S 158,–

Internationale Spezialitäten (4130) Von C. Schönherr, 240 S., 116 Farbfotos, gebunden, mit vierfarbigem Schutzumschlag. — **DM**/Fr **48,–** S 384,–

Chinesisch kochen Rezepte für die häusliche Küche. (5011) Von Karl-Heinz Haß, 64 S., 36 Farbfotos, Pappband. — **DM**/Fr **12.80** S 98,–

Chinesisch kochen mit dem WOK-Topf und dem Mongolen-Topf. (0557) Von Christiane Korn, 64 S., 8 Farbtafeln, kartoniert. — **DM**/Fr **7.80** S 65,–

Deutsche Spezialitäten (5025) Von R. Piwitt, 64 S., 37 Farbfotos, Pappband. — **DM**/Fr **12.80** S 98,–

Exotisches Obst und Gemüse Rezepte für Vorspeisen, Hauptgerichte und Desserts. (5114) Von Christiane Stephan, 64 S., 58 Farbfotos, Pappband. — **DM**/Fr **12.80** S 98,–

Französisch kochen (5016) Von Margrit Gutta, 64 S., 35 Farbfotos, Pappband. — **DM**/Fr **12.80** S 98,–

– Preisänderungen vorbehalten –

Italienische Küche (5026) Von Margrit Gutta 64 S., 35 Farbfotos, Pappband. DM/Fr 12.80 S 98,–

Japanische Küche schmackhaft und bekömmlich. (5087) Von Hiroko Toi, 64 S., 36 Farbfotos, Pappband. DM/Fr 12.80 S 98,–

Nordische Küche Speisen und Getränke von der Küste. (5082) Von Jutta Kürtz, 64 S., 44 Farbfotos, Pappband. DM/Fr 12.80 S 98,–

Ostasiatische Küche schmackhaft und bekömmlich. (5066) Von Taki Sozuki, 64 S., 39 Farbfotos, Pappband. DM/Fr 12.80 S 98,–

Portugiesische Küche und Weine Kulinarische Reise durch Portugal. (0607) Von Enrique Kasten, 96 S., 16 Farbtafeln, kartoniert. DM/Fr 8.80 S 70,–

Köstliche Pizzas, Toasts, Pasteten (5081) Von Anneliese und Gerhard Eckert, 64 S., 48 Farbfotos, Pappband. DM/Fr 12.80 S 98,–

Raffinierte Rezepte mit Oliven (5119) Von Lutz Helger, 64 S., 53 Farbfotos, 4 Zeichnungen, Pappband. DM/Fr 14.80 S 118,–

Köstliche Pilzgerichte Rezepte für die meistvorkommenden Speisepilze. (5133) Valerie Spicker-Noack, Martin Knoop, 64 S., ca. 50 Farbfotos, Pappband. Voraussichtlicher Erscheinungstermin: April '83 ca.* DM/Fr 12.80 S 98,–

Fondues und fritierte Leckerbissen. (0471) Von Stefanie Stein, 80 S., 8 Farbtafeln, kartoniert. DM/Fr 6.80 S 55,–

Fondues (5006) Von Eva Exner, 64 S., 50 Farbfotos, Pappband. DM/Fr 12.80 S 98,–

Der schön gedeckte Tisch (5005) Von Rolf Stender, 64 S., 60 Farbfotos, Pappband. DM/Fr 12.80 S 98,–

Fondues · Raclettes · Flambiertes (4081) Von Renate Peiler und Marie-Louise Schult, 136 S., 15 Farbtafeln, 28 Zeichnungen, kartoniert. DM/Fr 12.80 S 98,–

Rezepte rund um Raclette und Hobby-Rechaud (0420) Von Jack W. Hochscheid, 72 S., 8 Farbtafeln, kartoniert. DM/Fr 7.80 S 65,–

Neue, raffinierte Rezepte mit dem Raclettegrill (0558) Von Lutz Helger, 56 S., 8 Farbtafeln, kartoniert. DM/Fr 7.80 S 65,–

Die große farbige Kalte Küche Vom Partyhappen zum Kalten Buffet (4134) Von C. Schönherr, 400 S., über 220 farbige Abbildungen, gebunden, mit vierfarbigem Schutzumschlag. DM/Fr 25,– S 200,–

Kalte Platten (4064) Von Maître Pierre Pfister, 240 S., 135 großformatige Farbfotos, gebunden. DM/Fr 48,– S 384,–

Kalte Platten – Kalte Büfetts (5015) Von Margrit Gutta, 64 S., 34 Farbfotos, Pappband. DM/Fr 12.80 S 98,–

Kleine Kalte Küche für Alltag und Feste. (5097) Von Anneliese und Gerhard Eckert, 64 S., 45 Farbfotos, Pappband. DM/Fr 12.80 S 98,–

Kalte Happen und Partysnacks. (5029) Von Dolly Peters, 64 S., 35 Farbfotos, Pappband. DM/Fr 12.80 S 98,–

Salate (4119) Von Christine Schönherr, 240 S., 115 Farbfotos, gebunden, mit vierfarbigem Schutzumschlag. DM/Fr 48,– S 384,–

Salate für alle Gelegenheiten. (5002) Von Elke Fuhrmann, 64 S., 47 Farbfotos, Pappband. DM/Fr 12.80 S 98,–

111 köstliche Salate Erprobte Rezepte mit Pfiff. (0222) Von Christine Schönherr, 112 S., 8 Farbtafeln, 30 Zeichnungen, kartoniert. DM/Fr 8.80 S 70,–

Kuchen und Torten (5067) Von Klaus Groth, 64 S., 42 Farbfotos, Pappband. DM/Fr 12.80 S 98,–

Schönes Hobby: Backen Erprobte Rezepte mit modernen Backformen. (0451) Von Elke Blome, 96 S., 8 Farbtafeln, kartoniert. DM/Fr 7.80 S 65,–

Kleingebäck Plätzchen · Kekse · Guetzli. (5089) Von Margrit Gutta, 64 S., 50 Farbfotos, Pappband. DM/Fr 12.80 S 98,–

Waffeln süß und pikant. (0522) Von Christiane Stephan, 64 S., 4 Farbtafeln, kartoniert. DM/Fr 6.80 S 55,–

Backen (4113) Von Margrit Gutta, 240 S., 123 Farbfotos, gebunden. DM/Fr 48,– S 384,–

Brotspezialitäten backen und kochen. (5088) Von Jack W. Hochscheid und Lutz Helger, 64 S., 50 Farbfotos, Pappband. DM/Fr 12.80 S 98,–

Selbst Brotbacken Über 50 erprobte Rezepte. (0370) Von Jens Schiermann, 80 S., 6 Zeichnungen, 4 Farbtafeln, kartoniert. DM/Fr 6.80 S 55,–

Meine Vollkornbackstube Brot · Kuchen · Aufläufe. (0616) Von R. Raffelt, 96 S., 4 Farbtafeln, 4 s/w-Fotos, 8 Zeichnungen, kartoniert. DM/Fr 6.80 S 55,–

Mixen mit und ohne Alkohol (5017) Von Holger Hofmann, 64 S., 35 Farbfotos, Pappband. DM/Fr 12.80 S 98,–

Cocktails und Mixereien (0075) Von Jonny Walker, 104 S., 25 Zeichnungen, kartoniert. DM/Fr 6.80 S 55,–

Neue Cocktails und Drinks mit und ohne Alkohol. (0517) Von Siegfried Späth, 128 S., 4 Farbtafeln, Pappband. DM/Fr 9.80 S 78,–

Die besten Punsche, Grogs und Bowlen (0575) Von Friedel Dingden, 64 S., 2 Farbtafeln, kartoniert. DM/Fr 6.80 S 55,–

Kaffee für Genießer (0492) Von Christiane Barthel, 88 S., 8 Farbtafeln, kartoniert. DM/Fr 6.80 S 55,–

Heißgeliebter Tee Sorten, Rezepte und Geschichten. (4114) Von Curt Maronde, 153 S., 16 Farbtafeln, 93 Zeichnungen, gebunden. DM/Fr 24.80 S 198,–

Tee für Genießer Sorten · Riten · Rezepte. (0356) Von Marianne Nicolin, 64 S., 4 Farbtafeln, kartoniert. DM/Fr 5.80 S 49,–

Tee Herkunft · Mischungen · Rezepte. (0515) Von Sonja Ruske, 96 S., 4 Farbtafeln, viele Abbildungen, Pappband. DM/Fr 9.80 S 78,–

Gesundheit und Schönheit

Die Frau als Hausärztin (4072) Von Dr. med. Anna Fischer-Dückelmann, 808 S., 16 Farbtafeln, 174 s/w-Fotos, 238 Zeichnungen, gebunden. — **DM**/Fr **58,–** S 460,–

Heiltees und Kräuter für die Gesundheit (4123) Von Gerhard Leibold, 136 S., 15 Farbtafeln, 16 Zeichnungen, kartoniert. — **DM**/Fr **12.80** S 98,–

Der praktische Hausarzt (4100) Von Dr. med. R. Jäkel, 608 S., 201 s/w-Fotos, 118 Zeichnungen, Pappband. — **DM**/Fr **29.80** S 238,–

Autogenes Training Anwendung · Heilwirkungen · Methoden. (0541) Von Rolf Faller, 128 S., 3 Zeichnungen, kartoniert. — **DM**/Fr **9.80** S 78,–

Eigenbehandlung durch Akupressur Heilwirkungen – Energielehre – Meridiane. (0417) Von Gerhard Leibold, 152 S., 78 Abbildungen, kartoniert. — **DM**/Fr **9.80** S 78,–

Hypnose und Autosuggestion Methoden – Heilwirkungen – praktische Beispiele. (0483) Von Gerhard Leibold, 116 S., kartoniert. — **DM**/Fr **7.80** S 65,–

Tanz und Spiele für Bewegungsbehinderte Ein Anfängerkurs für alle, die mitmachen wollen. Empfohlen vom Bundesverband für Tanztherapie e.V. (0581) Von Wally Kaechele, 96 S., 105 s/w-Fotos, 9 Zeichnungen, kartoniert, Spiralbindung. — **DM**/Fr **19.80** S 158,–

Ärztlicher Rat Richtige Lebensführung und Ernährung bei Leber- und Gallenleiden. (0653) Von Dr. med. Herrmann Müller und Pia Pervenche, ca. 128 S., kartoniert. Voraussichtlicher Erscheinungstermin: April '83 — ca.* **DM**/Fr **9,80** S 78,–

Die Brot-Diät ein Schlankheitsplan ohne Extreme. (0452) Von Prof. Dr. Erich Menden und Waltraute Aign, 92 S., 8 Farbtafeln, kartoniert. — **DM**/Fr **7.80** S 65,–

Neue Rezepte für Diabetiker-Diät Vollwertig-abwechslungsreich-kalorienarm (0418) Von Monika Oehlrich, 120 S., 8 Farbtafeln, kartoniert. — **DM**/Fr **9.80** S 78,–

Wer schlank ist, lebt gesünder Tips und Rezepte zum Schlankwerden und -bleiben. (0562) Von Renate Mainer, 80 S., 8 Farbtafeln, kartoniert. — **DM**/Fr **7.80** S 65,–

Die 4444-Joule-Diät Schlankessen mit Genuß. (0530) Von Hans J. Fahrenkamp, 160 S., 8 Farbtafeln, kartoniert. — **DM**/Fr **9.80** S 78,–

Rohkost abwechslungsreich · schmackhaft · gesund. (5044) Von Ingrid Gabriel, 64 S., 40 Farbfotos, Pappband. — **DM**/Fr **12.80** S 98,–

Alles mit Joghurt tagfrisch selbstgemacht mit vielen Rezepten. (0382) Von Gerda Volz, 88 S., 8 Farbtafeln, kartoniert. — **DM**/Fr **7.80** S 65,–

Gesund leben – schlank werden mit der **Biokur** (0657) Von Sylvia Winter, ca. 80 S., ca. 8 Farbtafeln, kartoniert. Voraussichtlicher Erscheinungstermin: April '83 — ca.* **DM**/Fr **6.80** S 55,–

Biologische Ernährung für eine natürliche und gesunde Lebensweise. (4125) Von C. Leibold, 136 S., 15 Farbtafeln, 47 Zeichnungen, kartoniert. — **DM**/Fr **12.80** S 98,–

Falken-Handbuch **Bio-Medizin** Alles über die moderne Naturheilpraxis. (4136) Von Gerhard Leibold, ca. 450 S., 16 Farbtafeln, Pappband. Voraussichtlicher Erscheinungstermin April '83 — ca.* **DM**/Fr **39,–** S 312,–

Falken-Handbuch **Heilkräuter** Modernes Lexikon der Pflanzen und Anwendungen. (4076) Von Gerhard Leibold, 392 S., 183 Farbfotos, gebunden. — **DM**/Fr **39,–** S 312,–

So lebt man länger nach Dr. Le Comptes Erfolgsmethode! Vital und gesund bis ins hohe Alter. (4129) Von Dr. H. Le Compte, P. Pervenche, 224 S., gebunden. — **DM**/Fr **24.80** S 198,–

Kalorien – Joule Eiweiß · Fett · Kohlenhydrate tabellarisch nach gebräuchlichen Mengen. (0374) Von Marianne Bormio, 88 S., kartoniert. — **DM**/Fr **5.80** S 49,–

Schönheitspflege Kosmetische Tips für jeden Tag. (0493) Von Heide Zander, 180 S., 25 Abbildungen, kartoniert. — **DM**/Fr **7.80** S 65,–

10 Minuten täglich Tele-Gymnastik (5102) Von Beate Manz und Kafi Biermann, 128 S., 381 Abbildungen, kartoniert. — **DM**/Fr **12.80** S 98,–

Gesund und fit durch Gymnastik (0366) Von Hannelore Pilss-Samek, 132 S., 150 Abbildungen, kartoniert. — **DM**/Fr **7.80** S 65,–

Yoga für jeden (0341) Von Kareen Zebroff, 156 S., 135 Abbildungen, kartoniert. — **DM**/Fr **20.–** S 160,–

Gesundheit und Spannkraft durch Yoga (0321) Von Lothar Frank und Ursula Ebbers, 112 S., 50 s/w-Fotos, kartoniert. — **DM**/Fr **7.80** S 65,–

Yoga gegen Haltungsschäden und Rückenschmerzen (0394) Von Alois Raab, 104 S., 215 Abbildungen, kartoniert. — **DM**/Fr **6.80** S 55,–

Die fernöstliche Fingerdrucktherapie Shiatsu Anleitungen zur Selbsthilfe – Heilwirkungen. (0615) Von G. Leibold, 196 S., 180 Abbildungen, kartoniert. — **DM**/Fr **16.80** S 134,–

Briefsteller

Moderne Korrespondenz (4014) Von Hans Kirst und Wolfgang Manekeller, 568 S., gebunden. — **DM**/Fr **39,–** S 312,–

Der neue Briefsteller (0060) Von I. Wolter-Rosendorf, 112 S., kartoniert. — **DM**/Fr **5.80** S 49,–

Geschäftliche Briefe des Privatmanns, Handwerkers und Kaufmanns. (0041) Von Alfred Römer, 96 S., kartoniert. — **DM**/Fr **5.80** S 49,–

Behördenkorrespondenz Musterbriefe – Anträge – Einsprüche. (0412) Von Elisabeth Ruge, 120 S., kartoniert. — **DM**/Fr **6.80** S 55,–

Musterbriefe für alle Gelegenheiten. (0231) Herausgegeben von Olaf Fuhrmann, 240 S., kartoniert. — **DM**/Fr **9.80** S 78,–

Privatbriefe Muster für alle Gelegenheiten. (0114) Von Irmgard Wolter-Rosendorf, 132 S., kartoniert. — **DM**/Fr **6.80** S 55,–

Worte und Briefe der Anteilnahme (0464) Von Elisabeth Ruge, 128 S., mit vielen Abbildungen, kartoniert. — **DM**/Fr **8.80** S 70,–

Großes Buch der Reden und Ansprachen für jeden Anlaß. (4009) Herausgegeben von F. Sicker, 454 S., Lexikonformat, gebunden. — **DM**/Fr **39,–** S 312,–

Die Redekunst · Rhetorik · Rednererfolg (0076) Von Kurt Wolter, überarbeitet von Dr. W. Tappe, 80 S., kartoniert. — **DM**/Fr **4.80** S 39,–

Festreden und Vereinsreden Ansprachen für festliche Gelegenheiten. (0069) Von K. Lehnhoff und E. Ruge, 88 S., kartoniert. — **DM**/Fr **4.80** S 39,–

In Anerkennung Ihrer..., Lob und Würdigung in Briefen und Reden (0535) Von Hans Friedrich, 136 S., kartoniert. — **DM**/Fr **7.80** S 65,–

Erfolgreiche Kaufmannspraxis Wirtschaftliche Grundlagen, Geld, Kreditwesen, Steuern, Betriebsführung, Recht, EDV. (4046) Von Wolfgang Göhler, Herbert Gölz, Manfred Heibel, Dr. Detlev Machenheimer, mit einem Vorwort von Dr. Karl Obermayr, 544 S., gebunden. — **DM**/Fr **34,–** S 272,–

– Preisänderungen vorbehalten –

Die Bewerbung Der moderne Ratgeber für Bewerbungsbriefe, Lebenslauf und Vorstellungsgespräche. (4138) Von Wolfgang Manekeller, ca. 304 S., Pappband. Voraussichtlicher Erscheinungstermin: Februar '83 — ca.* **DM**/Fr **19.80** S 158,–

Erfolgreiche Bewerbungsbriefe und Bewerbungsformen. (0138) Von W. Manekeller, 88 S., kartoniert. — **DM**/Fr **4.80** S 39,–

Die erfolgreiche Bewerbung Bewerbung und Vorstellung. (0173) Von Wolfgang Manekeller, 156 S., kartoniert. — **DM**/Fr **8.80** S 70,–

Vorstellungsgespräche sicher und erfolgreich führen. (0636) Von H. Friedrich, 144 S., kartoniert. — **DM**/Fr **9.80** S 78,–

Lebenslauf und Bewerbung Beispiele für Inhalt, Form und Aufbau. (0428) Von Hans Friedrich, 112 S., kartoniert. — **DM**/Fr **6.80** S 55,–

Zeugnisse im Beruf richtig schreiben richtig verstehen. (0544) Von Hans Friedrich, 112 S., kartoniert. — **DM**/Fr **9.80** S 78,–

Fortbildung und Beruf

Schülerlexikon der Mathematik Formeln, Übungen und Begriffserklärungen für die Klassen 5-10. (0430) Von Robert Müller, 176 S., 96 Zeichnungen, kartoniert. — **DM**/Fr **9.80** S 78,–

Mathematik verständlich Zahlenbereiche, Mengenlehre, Algebra, Geometrie, Wahrscheinlichkeitsrechnung, Kaufmännisches Rechnen. (4135) Von Robert Müller, ca. 600 S., über 900 farbige Abbildungen, über 2500 Beispiele und Übungen mit Lösungen, Pappband. Voraussichtlicher Erscheinungstermin: April '83 — ca.* **DM**/Fr **59,–** S 479,–

Mathematische Formeln für Schule und Beruf Mit Beispielen und Erklärungen. (0499) Von Robert Müller, 156 S., 210 Zeichnungen, kartoniert. — **DM**/Fr **9.80** S 78,–

Rechnen aufgefrischt für Schule und Beruf. (0100) Von Helmut Rausch, 144 S., kartoniert. — **DM**/Fr **6.80** S 55,–

Buchführung leicht gefaßt. Ein Leitfaden für Handwerker und Gewerbetreibende. (0127) Von H.R. Pohl, 104 S., kartoniert. — **DM**/Fr **7.80** S 65,–

So lernt man leicht und schnell **Maschinenschreiben** (0568) Lehrbuch für Selbstunterricht und Kurse. Von Jean W. Wagner, 80 S., 31 s/w-Fotos, 36 Zeichnungen, kartoniert, Spiralbindung. — **DM**/Fr **19.80** S 158,–

Maschinenschreiben durch Selbstunterricht Teil 1. (0170) Von A. Fonfara, 84 S., mit vielen Abbildungen, kartoniert. — **DM**/Fr **5.80** S 49,–

Maschinenschreiben durch Selbstunterricht Teil 2. (0252) Von Hanns Kaus, 84 S., kartoniert. — **DM**/Fr **5.80** S 49,–

Stenografie – leicht gemacht im Kursus oder Selbstunterricht. (0266) Von Hanns Kaus, 64 S., kartoniert. — **DM**/Fr **5.80** S 49,–

Mehr Erfolg in der Schule und Beruf **Besseres Deutsch** mit Übungen und Beispielen für: Rechtschreibung, Diktate, Zeichensetzung, Aufsätze, Grammatik, Literaturbetrachtung, Stil, Briefe, Fremdwörter, Reden. (4115) Von Kurt Schreiner, 444 S., 7 s/w-Fotos, 27 Zeichnungen, Pappband. — **DM**/Fr **29.80** S 238,–

Richtiges Deutsch Rechtschreibung · Zeichensetzung · Grammatik · Stilkunde. (0551) Von Kurt Schreiner, 128 S., kartoniert. — **DM**/Fr **9.80** S 78,–

Aufsätze besser schreiben Förderkurs für die Klassen 4-10. (0429) Von Kurt Schreiner, 144 S., 4 s/w-Fotos, 27 Zeichnungen, kartoniert. — **DM**/Fr **9.80** S 78,–

Diktate besser schreiben Übungen zur Rechtschreibung für die Klassen 4-8. (0469) Von Kurt Schreiner, 149 S., kartoniert. — **DM**/Fr **9.80** S 78,–

Glückwünsche

Die Silberhochzeit Vorbereitung · Einladung · Geschenkvorschläge · Festablauf · Menüs · Reden · Glückwünsche. (0542) Von Karin F. Merkle, 120 S., 41 Zeichnungen, kartoniert. — **DM**/Fr **9.80** S 78,–

Poesiealbumverse Heiteres und Besinnliches. (0578) Von Anne Göttling, 112 S., 20 Abbildungen, Pappband. — **DM**/Fr **14.80** S 118,–

Kindergedichte zur Grünen, Silbernen und Goldenen Hochzeit (0318) Von Hans-Jürgen Winkler, 104 S., 20 Abbildungen, kartoniert. — **DM**/Fr **5.80** S 49,–

Ins Gästebuch geschrieben (0576) Von Kurt H. Trabeck, 96 S., 24 Zeichnungen, kartoniert. — **DM**/Fr **7.80** S 65,–

Trinksprüche, Richtsprüche, Gästebuchverse (0224) Von Dieter Kellermann, 80 S., kartoniert. — **DM**/Fr **4.80** S 39,–

Reden und Sprüche zu Grundsteinlegung, Richtfest und Einzug Musteransprachen für viele Gelegenheiten. (0598) Von A. Bruder, G. Georg, 96 S., kartoniert. — **DM**/Fr **6.80** S 55,–

Großes Buch der Glückwünsche (0255) Herausgegeben von Olaf Fuhrmann, 240 S., 64 Zeichnungen und viele Gestaltungsvorschläge, kartoniert. — **DM**/Fr **9.80** S 78,–

Neue Glückwunschfibel für Groß und Klein. (0156) Von Reneé Christian-Hildebrandt, 96 S., kartoniert. — **DM**/Fr **4.80** S 39,–

Glückwunschverse für Kinder (0277) Von Bettina Ulrici, 80 S., kartoniert. — **DM**/Fr **4.80** S 39,–

Verse fürs Poesiealbum (0241) Von Irmgard Wolter, 96 S., 20 Abbildungen, kartoniert. — **DM**/Fr **4.80** S 39,–

Rosen, Tulpen, Nelken... **Beliebte Verse fürs Poesiealbum** (0431) Von Waltraud Pröve, 96 S., mit Faksimile-Abbildungen, kartoniert. — **DM**/Fr **5.80** S 49,–

Von der Verlobung zur Goldenen Hochzeit Vorbereitung · Festgestaltung · Glückwünsche. (0393) Von Elisabeth Ruge, 120 S., kartoniert. — **DM**/Fr **6.80** S 55,–

Glückwünsche Toasts und Festreden zur Hochzeit. (0264) Von I. Wolter, 128 S., kartoniert. — **DM**/Fr **7.80** S 65,–

Hochzeitszeitungen Muster, Tips und Anregungen. (0288) Von Hans-Jürgen-Winkler, mit vielen Text- und Gestaltungsanregungen, 116 S., 15 Abbildungen, 1 Musterzeitung, kartoniert. — **DM**/Fr **6.80** S 55,–

Reden zur Hochzeit Musteransprachen für Hochzeitstage (0654) Von Günter Georg, 112 S., kartoniert. Voraussichtlicher Erscheinungstermin: Februar '83 — ca.* **DM**/Fr **7.80** S 65,–

Deutsch für Ausländer

Deutsch für Ausländer im Selbstunterricht Ausgabe für Spanier (0253) Von Juan Manuel Puente und Ernst Richter, 136 S., 62 Zeichnungen, kartoniert. **DM/Fr 9.80** S 78,–

Ausgabe für Italiener (0254) Von Italo Nadalin und Ernst Richter, 156 S., 62 Zeichnungen, kartoniert. **DM/Fr 9.80** S 78,–

Ausgabe für Jugoslawen (0261) Von I. Hladek und Ernst Richter, 132 S., 62 Zeichnungen, kartoniert. **DM/Fr 9.80** S 78,–

Ausgabe für Türken (0262) Von B.I. Rasch und Ernst Richter, 136 S., 62 Zeichnungen, kartoniert. **DM/Fr 9.80** S 78,–

Deutsch – Ihre neue Sprache. Grundbuch (0327) Von H.J. Demetz und J.M. Puente, 204 S., mit über 200 Abbildungen, kartoniert. **DM/Fr 14.80** S 118,–

Glossar Italienisch (0329) Von H.J. Demetz und J.M. Puente, 74 S., kartoniert. **DM/Fr 9.80** S 78,–

In gleicher Ausstattung:
Glossar Spanisch (0330) **DM/Fr 9.80** S 78,–

Glossar Serbokroatisch (0331) **DM/Fr 9.80** S 78,–

Glossar Türkisch (0332) **DM/Fr 9.80** S 78,–

Glossar Arabisch (0335) **DM/Fr 9.80** S 78,–

Glossar Englisch (0336) **DM/Fr 9.80** S 78,–

Glossar Französisch (0337) **DM/Fr 9.80** S 78,–

Das Deutschbuch
Ein Sprachprogramm für Ausländer, Erwachsene und Jugendliche. Autorenteam: Juan Manuel Puente, Hans-Jürgen Demetz, Sener Sargut, Marianne Spohner.

Grundbuch Jugendliche (4915) Von Puente, Demetz, Sargut, Spohner, Hirschberger, Kersten, von Stolzenwaldt, 256 S., durchgehend zweifarbig, kartoniert. **DM/Fr 19.80** S 158,–

Grundbuch Erwachsene (4901) Von Puente, Demetz, Sargut, Spohner, 292 S., durchgehend zweifarbig, kartoniert. **DM/Fr 24.80** S 198,–

Arbeitsheft zum Grundbuch Erwachsene und Jugendliche. (4903) Von Puente, Demetz, Sargut, Spohner, 160 S., durchgehend zweifarbig, kartoniert. **DM/Fr 16.80** S 134,–

Aufbaukurs (4902) Von Puente, Sargut, Spohner, 230 S., durchgehend zweifarbig, kartoniert. **DM/Fr 22.80** S 182,–

Lehrerhandbuch Grundbuch Erwachsene (4904) 144 S., kartoniert. **DM/Fr 14.80** S 118,–

Lehrerhandbuch Grundbuch Jugendliche (4929) 120 S., kartoniert. **DM/Fr 14.80** S 118,–

Lehrerhandbuch Aufbaukurs (4930) 64 S., kartoniert. **DM/Fr 9.80** S 78,–

Glossare Erwachsene.
Türkisch (4906) 100 S., kartoniert. **DM/Fr 9.80** S 78,–

Englisch (4912) 100 S., kartoniert. **DM/Fr 9.80** S 78,–

Französisch (4911) 104 S., kartoniert. **DM/Fr 9.80** S 78,–

Spanisch (4909) 98 S., kartoniert. **DM/Fr 9.80** S 78,–

Italienisch (4908) 100 S., kartoniert. **DM/Fr 9.80** S 78,–

Serbokroatisch (4914) 100 S., kartoniert. **DM/Fr 9.80** S 78,–

Griechisch (4907) 102 S., kartoniert. **DM/Fr 9.80** S 78,–

Portugiesisch (4910) 100 S., kartoniert. **DM/Fr 9.80** S 78,–

Polnisch (4913) 102 S., kartoniert. **DM/Fr 9.80** S 78,–

Arabisch (4905) 100 S., kartoniert. **DM/Fr 9.80** S 78,–

Glossare Jugendliche
Türkisch (4927) 105 S., kartoniert. **DM/Fr 9.80** S 78,–

Tonband Grundbuch Erwachsene (4916) Ø 18 cm. **DM/Fr 125,–** S 1000,–

Tonband Grundbuch Jugendliche (4917) Ø 18 cm. **DM/Fr 125,–** S 1000,–

Tonband Aufbaukurs (4918) Ø 18 cm. **DM/Fr 125,–** S 1000,–

Tonband Arbeitsheft (4919) Ø 18 cm. **DM/Fr 89,–** S 712,–

Kassetten Grundbuch Erwachsene (4920) 2 St. à 90 min. Laufzeit. **DM/Fr 39,–** S 312,–

Kassetten Grundbuch Jugendliche (4921) 2 St. à 90 min. Laufzeit. **DM/Fr 39,–** S 312,–

Kassetten Aufbaukurs (4922) 2 St. à 90 min. Laufzeit. **DM/Fr 39,–** S 312,–

Kassette Arbeitsheft (4923) 60 min. Laufzeit. **DM/Fr 19.80** S 158,–

Overheadfolien Grundbuch Erwachsene (4924) 60 St. **DM/Fr 159,–** S 1270,–

Overheadfolien Grundbuch Jugendliche (4925) 59 St. **DM/Fr 159,–** S 1270,–

Overheadfolien Aufbaukurs (4931) 54 St. **DM/Fr 159,–** S 1270,–

Diapositive Grundbuch Erwachsene (4926) 300 St. **DM/Fr 398,–** S 3184,–

Bildkarten zum Grundbuch Jugendliche und Erwachsene, (4928) 200 St. **DM/Fr 159,–** S 1270,–

Arbeitshefte für ausländische Jugendliche in der Berufsvorbereitung **Fachsprache im projektorientierten/fachübergreifenden Unterricht Metall 1** Materialien zu „Das Deutschbuch" (4937) Von S. Sargut, M. Spohner, ca. 64 S., 30 Farbfotos, 100 Zeichnungen und Fotos, kartoniert. **DM/Fr 14.80** S 118,–

Glossar Jugendliche Italienisch (4932) Von Alexandra Baumgartner, ca. 100 S., kartoniert. **DM/Fr 9.80** S 78,–

Glossar Jugendliche Spanisch (4933) Von M. Weidemann, ca. 100 S., kartoniert **DM/Fr 9.80** S 78,–

Glossar Jugendliche Serbokroatisch (4934) Von Milan Vuckovic, ca. 100 S., kartoniert. **DM/Fr 9.80** S 78,–

Glossar Jugendliche Arabisch (4935) Von Dr. Cherifa Magdi, ca. 100 S., kartoniert. **DM/Fr 9.80** S 78,–

Glossar Jugendliche Griechisch (4936) Von Dr. Georg Tzounakis, 112 S., kartoniert. **DM/Fr 9.80** S 78,–

Denksport

Das Super-Kreuzwort-Rätsel-Lexikon Über 150.000 Begriffe (4126) Von Hans Schiefelbein, 688 S., Pappband. **DM/Fr 19.80** S 158,–

– Preisänderungen vorbehalten –

Denksport und Schnickschnack für Tüftler und fixe Köpfe. (0362) Von Jürgen Barto, 100 S., 45 Abbildungen, kartoniert. — DM/Fr 6.80 S 55,–

Quiz Mehr als 1500 ernste und heitere Fragen aus allen Gebieten. (0129) Von R. Sautter und W. Pröve, 92 S., 9 Zeichnungen, kartoniert. — DM/Fr 6.80 S 55,–

Der große Rätselknacker Über 100.000 Rätselfragen. (4022) Zusammengestellt von H.J. Winkler, 544 S., kartoniert. — DM/Fr 19.80 S 158,–

Großes Rätsel-ABC (0246) Von H. Schiefelbein, 416 S., Pappband. — DM/Fr 16.80 S 134,–

Rätsel lösen – ein Vergnügen Ein Lexikon für Rätselfreunde. (0182) Von Erich Maier, 240 S., kartoniert. — DM/Fr 9.80 S 78,–

Der Würfel Lösungswege (0565) Von Josef Trajber, 144 S., 887 Diagramme, kartoniert. — DM/Fr 6.80 S 55,–
Als Pappband. — DM/Fr 12.80 S 98,–

Der Würfel für Fortgeschrittene Neue Züge · Neue Muster · 3-D-Logik. Mit Lösungswegen für Walzenwürfel und Teufelstonne. (0590) Von Josef Trajber, 144 S., 879 Diagramme, kartoniert. — DM/Fr 6.80 S 55,–

Zauberturm, Teufelstonne und magische Pyramide (0606) Von Michael Mrowka, Wolfgang Weber, 128 S., 525 Zeichnungen, kartoniert. — DM/Fr 6.80 S 55,–

Die Zauberschlange (0609) Von Michael Balfour, 96 S., 170 Zeichnungen, kartoniert. — DM/Fr 6.80 S 55,–

Rätselspiele, Quiz- und Scherzfragen für gesellige Stunden. (0577) Von K.H. Schneider, 168 S., über 100 Zeichnungen, Pappband. — DM/Fr 16.80 S 134,–

Knobeleien und Denksport (2019) Von Klas Rechberger, 142 S., mit vielen Zeichnungen, kartoniert. — DM/Fr 7.80 S 65,–

Geselligkeit

Die schönsten Wander- und Fahrtenlieder (0462) Herausgegeben von Franz R. Miller, empfohlen vom Deutschen Sängerbund, 80 S., mit Noten und Zeichnungen, kartoniert. — DM/Fr 5.80 S 49,–

Die schönsten Volkslieder (0432) Herausgegeben von Dietmar Walther, 128 S., mit Noten und Zeichnungen, kartoniert. — DM/Fr 4.80 S 39,–

Die schönsten Berg- und Hüttenlieder (0514) Herausgegeben von Franz R. Miller, empfohlen vom Deutschen Sängerbund, 104 S., mit Noten und Zeichnungen, kartoniert. — DM/Fr 5.80 S 49,–

Wir lernen tanzen Standard- und lateinamerikanische Tänze. (0200) Von Ernst Fern, 168 S., 118 s/w-Fotos, 47 Zeichnungen, kartoniert. — DM/Fr 9.80 S 78,–

Tanzstunde 1 (5018) Von Gerd Hädrich, 176 S., 442 s/w-Fotos, 140 Zeichnungen, Pappband. — DM/Fr 19.80 S 158,–

Disco-Tänze (0491) Von Barbara und Felicitas Weber, 104 S., 104 Abbildungen, kartoniert. — DM/Fr 6.80 S 55,–

So tanzt man Rock'n'Roll Grundschritte · Figuren · Akrobatik. (0573) Von Wolfgang Steuer und Gerhard Marz, 224 S., 303 Abbildungen, kartoniert. — DM/Fr 16.80 S 134,–

Wir geben eine Party (0192) Von Elisabeth Ruge, 88 S., 8 Farbtafeln, 23 Zeichnungen, kartoniert. — DM/Fr 6.80 S 55,–

Neue Spiele für Ihre Party (2022) Von Gerda Blechner, 120 S., 54 Zeichnungen von Fee Buttig, kartoniert. — DM/Fr 7.80 S 65,–

Der Gute Ton Ein moderner Knigge. (0063) Von Irmgard Wolter, 168 S., 38 Zeichnungen, kartoniert. — DM/Fr 9.80 S 78,–

Tischkarten und Tischdekorationen (5063) Von Gabriele Vocke, 64 S., 79 Farbfotos, Pappband. — DM/Fr 12.80 S 98,–

Reden zum Jubiläum Musteransprachen für viele Gelegenheiten. (0595) Von Günter Georg, 112 S., kartoniert. — DM/Fr 6.80 S 55,–

Lustige Tanzspiele und Scherztänze für Parties und Feste. (0165) Von E. Bäulke, 80 S., 53 Abbildungen, kartoniert. — DM/Fr 4.80 S 39,–

Straßenfeste, Flohmärkte und Basare Praktische Tips für Organisation und Durchführung. (0592) Von Hugo Schuster, ca. 112 S., ca. 50 Fotos und Zeichnungen, kartoniert. — ca.* DM/Fr 12.80 S 98,–
Voraussichtlicher Erscheinungstermin: März '83

Humor

Vergnügliches Vortragsbuch (0091) Von Joseph Plaut, 192 S., kartoniert. — DM/Fr 7.80 S 65,–

Lachen, Witz und gute Laune Lustige Texte für Ansagen und Vorträge. (0149) Von Erich Müller, 104 S., 44 Abbildungen, kartoniert. — DM/Fr 6.80 S 55,–

Vergnügliche Sketche (0476) Von Horst Pillau, 96 S., mit lustigen Zeichnungen, kartoniert. — DM/Fr 6.80 S 55,–

Heitere Vorträge (0528) Von Erich Müller, 182 S., 14 Zeichnungen, kartoniert. — DM/Fr 9.80 S 78,–

Die große Lachparade Neue Texte für heitere Vorträge und Ansagen. (0188) Von Erich Müller, 108 S., kartoniert. — DM/Fr 6.80 S 55,–

So feiert man Feste fröhlicher Heitere Vorträge und Gedichte. (0098) Von Dr. Allos, 96 S., 15 Abbildungen, kartoniert. — DM/Fr 5.80 S 49,–

Fidelitas und Trallala Vorschläge zur Gestaltung fröhlicher Abende. (0120) Von Dr. Allos, 104 S., viele Abbildungen, kartoniert. — DM/Fr 7.80 S 65,–

Lustige Vorträge für fröhliche Feiern Sketche, Vorträge und Conferencen für Karneval und fröhliche Feste. (0284) Von Karl Lehnhoff, 96 S., kartoniert. — DM/Fr 6.80 S 55,–

Humor und Stimmung Ein heiteres Vortragsbuch. (0460) Von Günter Wagner, 112 S., kartoniert. — DM/Fr 6.80 S 55,–

Humor und gute Laune Ein heiteres Vortragsbuch. (0635) Von G. Wagner, 112 S., kartoniert. — DM/Fr 8.80 S 70,–

Tolle Sachen zum Schmunzeln und Lachen Lustige Ansagen und Vorträge. (0163) Von Erich Müller, 92 S., kartoniert. — DM/Fr 6.80 S 55,–

Humor für jedes Ohr Fidele Sketche und Ansagen. (0157) Von Heinz Ehnle, 96 S., kartoniert. — DM/Fr 6.80 S 55,–

Sketche und spielbare Witze für bunte Abende und andere Feste. (0445) Von Hartmut Friedrich, 120 S., 7 Zeichnungen, kartoniert. — DM/Fr 6.80 S 55,–

Sketsche Kurzspiele zu amüsanter Unterhaltung. (0247) Von Margarete Gering, 132 S., 16 Abbildungen, kartoniert. — DM/Fr 6.80 S 55,–

Tolle Sketche mit zündenden Pointen – zum Nachspielen. (0656) Von Eberhard Cohrs, ca. 112 S., kartoniert. — ca.* DM/Fr 9.80 S 78,–
Voraussichtlicher Erscheinungstermin: Februar '83

Non Stop Nonsens Sketche und Witze mit Spielanleitungen. (0511) Von Dieter Hallervorden, 160 S., gebunden. — DM/Fr 14.80 S 118,–

Dalli-Dalli-Sketche aus dem heiteren Ratespiel von und mit Hans Rosenthal. (0527) Von Horst Pillau, 144 S., 18 Zeichnungen, kartoniert. — DM/Fr 9.80 S 78,–

Gereimte Vorträge für Bühne und Bütt. (0567) Von Günter Wagner, 96 S., kartoniert. — **DM**/Fr **7.80** S 65,–

Narren in der Bütt Leckerbissen aus dem rheinischen Karneval. (0216) Zusammengestellt von Theo Lücker, 112 S., kartoniert. — **DM**/Fr **6.80** S 55,–

Rings um den Karneval Karnevalsscherze und Büttenreden. (0130) Von Dr. Allos, 136 S., kartoniert. — **DM**/Fr **9.80** S 78,–

Helau + Alaaf Närrisches aus der Bütt. (0304) Von Erich Müller, 112 S., kartoniert. — **DM**/Fr **6.80** S 55,–

Helau + Alaaf 2 Neue Büttenreden. (0477) Von Edmund Luft, 104 S., kartoniert. — **DM**/Fr **7.80** S 65,–

Damen in der Bütt Scherze, Büttenreden, Sketche. (0354) Von Traudi Müller, 136 S., kartoniert. — **DM**/Fr **6.80** S 55,–

Die besten Witze und Cartoons des Jahres 1 (0454) Herausgegeben von Karl Hartmann, 288 S., 125 Zeichnungen, gebunden. — **DM**/Fr **14.80** S 118,–

Die besten Witze und Cartoons des Jahres 2 (0488) Herausgegeben von Karl Hartmann, 288 S., 148 Zeichnungen, gebunden. — **DM**/Fr **14.80** S 118,–

Die besten Witze und Cartoons des Jahres 3 (0524) Herausgegeben von Karl Hartmann, 288 S., 105 Zeichnungen, Pappband. — **DM**/Fr **14.80** S 118,–

Die besten Witze und Cartoons des Jahres 4 (0579) Herausgegeben von Karl Hartmann, 288 S., 140 Zeichnungen, Pappband. — **DM**/Fr **14.80** S 118,–

Die besten Witze und Cartoons des Jahres 5 (0642) Von K. Hartmann, 288 S., 88 Zeichnungen, Pappband. — **DM**/Fr **14.80** S 118,–

Das große Buch der Witze (0384) Von E. Holz, 320 S., 36 Zeichnungen, gebunden. — **DM**/Fr **16.80** S 134,–

Witze am laufenden Band (0461) Von Fips Asmussen, 118 S., kartoniert. — **DM**/Fr **5.80** S 49,–

Witzig, witzig (0507) Von Erich Müller, 128 S., 16 Zeichnungen, kartoniert. — **DM**/Fr **5.80** S 49,–

Die besten Ärztewitze (0399) Zusammengestellt von Britta Zorn, 272 S., mit 42 Karikaturen von Ulrich Fleischhauer, gebunden. — **DM**/Fr **14.80** S 118,–

Ich lach mich kaputt! Die besten Kinderwitze (0545) Von Erwin Hannemann, 128 S., 15 Zeichnungen, kartoniert. — **DM**/Fr **5.80** S 49,–

Lach mit! Witze für Kinder, gesammelt von Kindern. (0468) Herausgegeben von Waltraud Pröve, 128 S., 17 Zeichnungen, kartoniert. — **DM**/Fr **5.80** S 49,–

Olympische Witze Sportlerwitze in Wort und Bild. (0505) Von Wolfgang Willnat, 112 S., 126 Zeichnungen, kartoniert. — **DM**/Fr **5.80** S 49,–

Lach mit den Schlümpfen (0610) Von Peyo, 64 S., viele Abbildungen, kartoniert. — **DM**/Fr **6.80** S 55,–

Die besten Ostfriesenwitze (0495) Herausgegeben von Onno Freese, 112 S., 17 Zeichnungen, kartoniert. — **DM**/Fr **5.80** S 49,–

Die besten Tierwitze (0496) Herausgegeben von Peter Hartlaub und Silvia Pappe, 112 S., 25 Zeichnungen, kartoniert. — **DM**/Fr **5.80** S 49,–

Herrenwitze (0589) Von Georg Wilhelm, ca. 112 S., 11 Zeichnungen, kartoniert. — **DM**/Fr **5.80** S 49,–

Die besten Beamtenwitze (0574) Herausgegeben von Waltraud Pröve, 112 S., 61 Cartoons, kartoniert. — **DM**/Fr **5.80** S 49,–

Horror zum Totlachen **Gruselwitze** (0536) Von Franz Lautenschläger, 96 S., 44 Zeichnungen, kartoniert. — **DM**/Fr **5.80** S 49,–

Fred Metzlers Witze mit Pfiff (0368) Von Fred Metzler, 120 S., kartoniert. — **DM**/Fr **5.80** S 49,–

O frivol ist mir am Abend Pikante Witze von Fred Metzler. (0388) Von Fred Metzler, 128 S., mit Karikaturen, kartoniert. — **DM**/Fr **5.80** S 49,–

Robert Lembkes Witzauslese (0325) Von Robert Lembke, 160 S., mit 10 Zeichnungen von E. Köhler, gebunden. — **DM**/Fr **14.80** S 118,–

Wilhelm-Busch-Album Jubiläumsausgabe mit 1700 farbigen Bildern. (3028) 408 S., Großformat, gebunden. — **DM**/Fr **39,–** S 312,–

Spielen

Kartenspiele (2001) Von Claus D. Grupp, 144 S., kartoniert. — **DM**/Fr **7.80** S 65,–

Neues Buch der siebzehn und vier Kartenspiele (0095) Von Karl Lichtwitz, 96 S., kartoniert. — **DM**/Fr **6.80** S 55,–

Falken-Handbuch **Bridge** Von den Grundregeln zum Turniersport. (4092) Von Wolfgang Voigt und Karl Ritz, 276 S., 792 Zeichnungen, gebunden. — **DM**/Fr **39,–** S 312,–

Spielend Bridge lernen (2012) Von Josef Weiss, 108 S., kartoniert. — **DM**/Fr **7.80** S 65,–

Spieltechnik im Bridge (2004) Victor Mollo und Nico Gardener, deutsche Adaption von Dirk Schröder, 216 S., kartoniert. — **DM**/Fr **16.80** S 134,–

Besser Bridge spielen Reiztechnik, Spielverlauf und Gegenspiel. (2026) Von Josef Weiss, 143 S., mit vielen Diagrammen, kartoniert. — **DM**/Fr **14.80** S 118,–

Alles über Pokern Regeln und Tricks. (2024) Von Claus D. Grupp, 120 S., 29 Kartenbilder, kartoniert. — **DM**/Fr **8.80** S 70,–

Romeé und Canasta in allen Variationen. (2025) Von Claus D. Grupp, 124 S., 24 Zeichnungen, kartoniert. — **DM**/Fr **9.80** S 78,–

Schafkopf, Doppelkopf, Binokel, Cego, Gaigel, Jaß, Tarock und andere „Lokalspiele". (2015) Von Claus D. Grupp, 152 S., kartoniert. — **DM**/Fr **9.80** S 78,–

– Preisänderungen vorbehalten

Gesellschaftsspiele für drinnen und draußen. (2006) Von Heinz Görz, 128 S., kartoniert. DM/Fr 6.80 S 55,–

Spielen mit Rudi Carell 113 Spiele für Party und Familie. (2014) Von Rudi Carell, 160 S., 50 Abbildungen, gebunden. DM/Fr 9.80 S 78,–

Spiele für Theke und Stammtisch (2021) Von Claus D. Grupp, 104 S., 27 Zeichnungen, kartoniert. DM/Fr 6.80 S 55,–

Roulette richtig gespielt Systemspiele, die Vermögen brachten. (0121) Von M. Jung, 96 S., zahlreiche Tabellen, kartoniert. DM/Fr 6.80 S 55,–

Würfelspiele für jung und alt. (2007) Von Friedrich Puss, 112 S., kartoniert. DM/Fr 7.80 S 65,–

Mini-Spiele für unterwegs und überall. (2016) Von Irmgard Wolter, 152 S., kartoniert. DM/Fr 9.80 S 78,–

Backgammon für Anfänger und Könner. (2008) Von G.W. Fink und G. Fuchs, 116 S., 41 Abbildungen, kartoniert. DM/Fr 9.80 S 78,–

Dame Das Brettspiel in allen Variationen. (2028) Von Claus D. Grupp, 104 S., viele Diagramme, kartoniert. DM/Fr 9.80 S 78,–

Das japanische Brettspiel GO (2020) Von Winfried Dörholt, 104 S., 182 Diagramme, kartoniert. DM/Fr 9.80 S 78,–

Das Skatspiel Eine Fibel für Anfänger. (0206) Von Karl Lehnhoff, überarbeitet von P.A. Höfges, 96 S., kartoniert. DM/Fr 5.80 S 49,–

Alles über Skat (2005) Von Günter Kirschbach, 144 S., kartoniert. DM/Fr 8.80 S 70,–

Patiencen in Wort und Bild. (2003) Von Irmgard Wolter, 136 S., kartoniert. DM/Fr 7.80 S 65,–

Kartentricks (2010) Von T.A. Rosee, 80 S., 13 Zeichnungen, kartoniert. DM/Fr 6.80 S 55,–

Neue Kartentricks (2027) Von Klaus Pankow, 104 S., 20 Abbildungen, kartoniert. DM/Fr 7.80 S 65,–

Mah-Jongg Das chinesische Glücks-, Kombinations- und Gesellschaftsspiel. (2030) Von Ursula Eschenbach, 80 S., 30 s/w-Fotos, 5 Zeichnungen, kartoniert. DM/Fr 9.80 S 78,–

Falken-Handbuch **Zaubern** Über 400 verblüffende Tricks. (4063) Von Friedrich Stutz, 368 S., über 1200 Zeichnungen, gebunden. DM/Fr 29.80 S 238,–

Zaubertricks Das große Buch der Magie. (0282) Von Jochen Zmeck, 244 S., 113 Abbildungen, kartoniert. DM/Fr 14.80 S 118,–

Zaubern einfach – aber verblüffend. (2018) Von Dieter Bouch, 84 S., mit Zeichnungen, kartoniert. DM/Fr 6.80 S 55,–

So gewinnt man gegen Video und Computerspiele (0644) Von C. Kerler, 160 S., 25 Zeichnungen, 21 s/w-Fotos, kartoniert. DM/Fr 6.80 S 55,–

Kinderbeschäftigung

Punkt, Punkt, Komma, Strich (0564) Zeichenstunden für Kinder. Von Hans Witzig, 144 S., über 250 Zeichnungen, kartoniert. DM/Fr 6.80 S 55,–

Einmal grad und einmal krumm Zeichenstunden für Kinder. (0599) Von Hans Witzig, 144 S., 363 Abbildungen, kartoniert. DM/Fr 6.80 S 55,–

Scherzfragen, Drudel und Blödeleien gesammelt von Kindern. (0506) Herausgegeben von Waltraud Pröve, 112 S., 57 Zeichnungen, kartoniert. DM/Fr 5.80 S 49,–

Kartenspiele für Kinder (0533) Von Claus D. Grupp, 136 S., 24 Abbildungen, kartoniert. DM/Fr 6.80 S 55,–

Kinder lernen spielend backen (5110) Von Margrit Gutta, 64 S., 50 Farbfotos, Pappband. DM/Fr 12.80 S 98,–

Kinder lernen spielend kochen (5096) Von Margrit Gutta, 64 S., 45 Farbfotos, Pappband. DM/Fr 12.80 S 98,–

Lirum, Larum, Löffelstiel Ein Kinder-Kochkurs. (5007) Von Ingeborg Becker, 64 S., mit vielen farbigen Abbildungen, Spiralbindung. DM/Fr 9.80 S 78,–

Kinderspiele die Spaß machen. (2009) Von Helen Müller-Stein, 112 S., 28 Abbildungen, kartoniert. DM/Fr 6.80 S 55,–

Spiele für Kleinkinder (2011) Von Dieter Kellermann, 80 S., kartoniert. DM/Fr 5.80 S 49,–

Kinderfeste daheim und in Gruppen. (4033) Von Gerda Blecher, 240 S., 320 Abbildungen, gebunden. DM/Fr 24.80 S 198,–

Kindergeburtstag Vorbereitung, Spiel und Spaß. (0287) Von Dr. Ilse Obrig, 104 S., 40 Abbildungen, 11 Zeichnungen, 9 Lieder mit Noten, kartoniert. DM/Fr 5.80 S 49,–

Kasperletheater Spieltexte und Spielanleitungen · Basteltips für Theater und Puppen. (0641) Von U. Lietz, 136 S., 4 Farbtafeln, 12 s/w-Fotos, 39 Zeichnungen, kartoniert. DM/Fr 8.80 S 70,–

Tipps und Tapps Maschinenschreib-Fibel für Kinder. (0274) Von Hanns Kaus, 48 S., farbige Abbildungen, kartoniert. DM/Fr 5.80 S 49,–

Rat und Wissen für die ganze Familie

Advent und Weihnachten Basteln – Backen – Schmücken – Feiern. (4067) Von Margrit Gutta, Hanne Hangleiter, Felicitas Buttig, Ingeborg Rathmann, Gabriele Vocke, 152 S., 15 Farbtafeln, zahlreiche Abbildungen, kartoniert. DM/Fr 12.80 S 98,–

Alterssicherung Vorsorge nach Maß. Renten-Versicherungen – Geld und Wertanlagen. (0532) Von Johannes Beuthner, 224 S., kartoniert. DM/Fr 16.80 S 134,–

Die neue Lebenshilfe **Biorhythmik** Höhen und Tiefen der persönlichen Lebenskurven vorausberechnen und danach handeln. (0458) Von Walter A. Appel, 157 S., 63 Zeichnungen, Pappband. DM/Fr 9.80 S 78,–

So deutet man Träume Die Bildersprache des Unbewußten. (0444) Von Georg Haddenbach, 160 S., Pappband. DM/Fr 9.80 S 78,–

Sexualberatung (0402) Von Dr. Marianne Röhl, 168 S., 8 Farbtafeln, 17 Zeichnungen, Pappband. DM/Fr 19.80 S 158,–

Umgangsformen heute Die Empfehlungen des Fachausschusses für Umgangsformen. (4015) 282 S., 160 s/w-Fotos und 25 Zeichnungen, gebunden. DM/Fr 29.80 S 238,–

Vorbereitung auf die Geburt Schwangerschaftsgymnastik, Atmung, Rückbildungsgymnastik. (0251) Von Sabine Buchholz, 112 S., 98 s/w-Fotos, kartoniert. DM/Fr 6.80 S 55,–

Das Babybuch Pflege · Ernährung · Entwicklung. (0531) Von Annelore Burkert, 136 S., 8 Farbtafeln, zahlreiche s/w-Fotos, kartoniert. DM/Fr 12.80 S 98,–

Wenn Sie ein Kind bekommen (4003) Von Ursula Klamroth, 240 S., 86 s/w-Fotos, 30 Zeichnungen, gebunden. DM/Fr 19.80 S 158,–

Babys lernen schwimmen (0497) Von Jean Fouace, 96 S., 46 Abbildungen, kartoniert. DM/Fr 9.80 S 78,–

Endlich 18 und nun? Rechte und Pflichten mit der Volljährigkeit. (0646) Von C. Spahn, 224 S., 27 Zeichnungen, kartoniert. DM/Fr 12.80 S 98,–

Scheidung und Unterhalt nach dem neuen Eherecht. (0403) Von Rechtsanwalt H.T. Drewes, 109 S., mit Kosten- und Unterhaltstabellen, kartoniert. DM/Fr 7.80 S 65,–

Mietrecht Leitfaden für Mieter und Vermieter. (0479) Von Johannes Beuthner, 196 S., kartoniert. DM/Fr 12.80 S 98,–

Arbeitsrecht Praktischer Ratgeber für Arbeitnehmer und Arbeitgeber. (0594) Von Johannes Beuthner, ca. 192 S., kartoniert. DM/Fr 16.80 S 134,–

Wie soll es heißen? (0211) Von D. Köhr, 136 S., kartoniert. DM/Fr 5.80 S 49,–

Warum bekommen wir kein Kind? (0566) Von Dr. med. Johann Klahn, ca. 112 S., viele Zeichnungen, kartoniert. Voraussichtl. Erscheinungstermin August '83. ca.* DM/Fr 8.80 S 70,–

So wird das Wetter (0569) Von Joseph Braun, 144 S., 46 s/w-Fotos, 6 Zeichnungen, kartoniert. DM/Fr 9.80 S 78,–

Haus oder Eigentumswohnung Planung – Finanzierung – Bauablauf. (4070) Von Rainer Wolff, 352 S., 16 Farbtafeln, 237 Zeichnungen und Grafiken, gebunden. DM/Fr 39,– S 312,–